Kristiane Müller-Urban und Eberhard Urban

Zeit zu zweit
in Hessen

Die schönsten Orte und Ausflüge für Verliebte

SOCIETÄTS
VERLAG

Die Angaben und Informationen in diesem Buch sind aktuell recherchiert und vor Drucklegung sorgfältig überprüft worden. Trotzdem ist darauf hinzuweisen, dass sich Telefonnummern, Öffnungszeiten und andere Angaben im Lauf der Zeit ändern können.

TIPP
Die in diesem Buch erwähnten Hotels bieten verschiedene Arrangements (Übernachtung, Candle-Light-Dinner, Wellness u. a.) für Paare an. Preisbewusste Leserinnen und Leser finden im Internet günstige Angebote, die oft außerhalb der Saison oder an Wochenenden gültig sind.

S. 2: Herzbogen am Poppenhausener Liebesweg.

4. erweiterte und überarbeitete Auflage
Alle Rechte vorbehalten • Societäts-Verlag
© 2013 Frankfurter Societäts-Medien GmbH
Satz: Julia Desch, Societäts-Verlag
Umschlaggestaltung: Julia Desch, Societäts-Verlag
Umschlagabbildung: © karandaev - Fotolia.com
Karten: Peh & Schefcik
Druck und Verarbeitung: CPI books GmbH, Leck
Printed in Germany 2017

ISBN 978-3-95542-248-6

Inhalt

VORWORT

Für Verliebte, Verlobte & Verheiratete

Dieses neue Buch setzt den Erfolg des regionalen Bestsellers „Hessen für Verliebte" fort – mit einer neuen Konzeption.

Die 22 Kapitel umfassen je eine hessische Teilregion und stellen eine Auswahl von Aktivitäten und Attraktionen vor, die sich für einen Ausflug und einen kurzen oder längeren Urlaub anbieten. Deshalb haben wir meist ein besonderes Hotel als Mittelpunkt empfohlen, das selbst vielerlei Möglichkeiten für Genuss, Ruhe, Sport, Wellness und einmalige Hochzeitsfeiern bietet und als Ausgangspunkt für interessante und romantische Ausflüge dient.

Liebe geht durch den Magen. Deshalb wird außerdem eine Auswahl an Gaststätten, Restaurants und Bars vorgestellt. Wie bei den Hotels haben wir auch hier auf ein geschmackvolles Niveau geachtet.

In diesem Buch werden wieder entzückende und bezaubernde Liebesgeschichten erzählt. Die Liebenden sind historische Personen wie Goethe oder märchenhafte Figuren wie Dornröschen – deren Schicksal wird an den Orten des Geschehens zum Erlebnis.

Der Erfolg der vorherigen Auflagen hat das Konzept bestätigt; bei dieser aktualisierten und erweiterten Ausgabe locken viele neue Ausflugsziele ins Freizeitvergnügen.

Hessen, im Herzen Deutschlands und Europas gelegen, erweist sich von der Weser bis zum Neckar, vom Rhein bis zur Rhön als ein liebenswertes Land, das voller Überraschungen steckt. All denen, die geholfen haben, all dies zu entdecken und Ihnen zu empfehlen, sei herzlich gedankt.

Die Autoren und der Verlag

FRANKFURT AM MAIN

Wolkenkratzer und GrünGürtel

Die Highlights: Gerbermühle und Villa Kennedy, Goetheruh und Goethestraße, Museumsufer, Palmengarten und Café Laumer, Schiffe und schwimmende Donuts, Wellness und Beauty für sie und ihn.

Frankfurt ist eine altehrwürdige und moderne Stadt zugleich, in der die Langeweile keine Chance hat. Tausendfältig sind die Möglichkeiten, zu zweit Spiel und Spaß zu erleben, sich an Natur und Kultur zu erfreuen. Wer von Frankfurt nur die Skyline kennt, die in Europa einmalig ist, sollte das Frankfurter Grün kennenlernen, das nicht nur in der berühmten Grünen Soße zu finden ist: Dort ist die Stadt ein Paradies für genussfrohe Flaneure, Wanderer und Radfahrer.

Dass Frankfurt auch eine Stadt der Liebe ist, beweist die folgende Liebesgeschichte mit dem berühmtesten Frankfurter in einer Hauptrolle.

Marianne und Goethe

In „Dichtung und Wahrheit" erzählt Johann Wolfgang von Goethe: „Am 28. August 1749, mittags mit dem Glockenschlage zwölf, kam ich in Frankfurt zur Welt." Das Geburtshaus und der daran anschließende Neubau im Großen Hirschgraben sind heute Goethe-Haus und -Museum. Hier beginnt eine poetische Wanderung, die durch Frankfurt und seine Natur führt. Der elf Kilometer lange Rundwanderweg ist mit der Zeichnung von Goethes Kopf mit Schlapphut ausgeschildert, wie sie der große Cartoonist Hans Traxler nach dem Tischbein-Gemälde im Städel Museum gefertigt hat.

Der Weg führt über den Römerberg zum Dom und nach der Mainüberquerung auf der Alten Brücke links am Mainufer entlang; schon immer ein beliebter Weg für Goethe, andere Frankfurter und ihre Gäste. So gelangen Sie zur Gerbermühle.

„Von der Isar bis zum Rhein / Mahlen manche Mühlen / Doch die Gerbermühl am Main / Ist's wohin wir zielen."

Bei des Dichters Reise an Rhein und Main 1814/15 weilte er öfters in der Gerbermühle, dem Sommerhaus des Bankiers und Geheimen Rats Johann Jacob von Willemer. Goethe genoss auch die Gunst von dessen Frau Maria Anna Katharina Theresia Willemer, genannt Marianne. Sie war im blühenden dreißigsten Jahr, Goethe schwärmte: „Hüfte schmal, der Leib so rund / Wie zu Paradieses Lüsten." Goethe und Marianne dichteten zusammen, viele Verse in der Sammlung „West-östlicher Divan" stammen von ihr – wie diese, die Suleika spricht: „Nimmer will ich dich verlieren! / Liebe gibt der Liebe Kraft. / Magst du meine Jugend zieren / Mit gewaltger Leidenschaft. / Ach! wie schmeichelt's meinem Triebe, / Wenn man meinen Dichter preist. / Denn das Leben ist die Liebe, / Und des Lebens Leben Geist."

Die Gerbermühle ist ein beliebtes Ausflugsziel mit Sommergarten (geöffnet Mo. – Fr. ab 14 Uhr, Sa., So., Feiert. ab 11.30), Restaurant (geöffnet tägl. 11.30 – 22 Uhr), Hotel, Turmbar. Von hier geht der Goethe-Wanderweg durch die Gemüsefelder von Oberrad, durch den Stadtteil hindurch zum Wald mit dem hölzernen Goetheturm im Waldspielpark. Der 43 Meter hohe Turm wurde 1931 errichtet,

Die romantische Gerbermühle

196 Stufen führen zur Aussichtsplattform. Ein Stück nördlich erhebt sich ein kleiner Aussichtshügel, der Goetheruh genannt wird. Hier soll sich der Dichter ausgeruht haben, als er eines Nachts von seiner Liebsten Lili in Offenbach kommend einen Abstecher machte – trunken vor Glück.

„Goetheruh" heißt auch das Restaurant, Bistro, Café und Gartenlokal (tägl. 12 – 18 Uhr) am Goetheturm und vor dem Waldspielpark. Im Dezember findet hier ein entzückender Weihnachtsmarkt im Wald mit Krippe und echten Schafen statt.

Der Goetheweg führt nun hinab nach Sachsenhausen, wo am Ende des Hühnerwegs das Türmchen des Willemer-Häuschens aufragt. Goethe weilte mit Marianne oft hier. Es ist von Ostern bis Mitte Oktober sonntags von 11 – 16 Uhr zu besichtigen.

Über den Eisernen Steg geht der Goetheweg, der unterwegs an zahlreichen weiteren Sehenswürdigkeiten vorbeiführt, zurück.

info@infofrankfurt.de · www.frankfurt.de · www.frankfurt-tourismus.de

GERBERMÜHLE · Sommergarten, Restaurant, Hotel, Turmbar
Gerbermühlstraße 105 · 60594 Frankfurt am Main
Tel. 069/77 79 0 · res@gerbermuehle.de · www.gerbermuehle.de

Lebenslust im Luxus – Die Villa Kennedy

Durch ein glückliches Geschick fügt sich in der Villa an der Kennedyallee alles zusammen, was gut und schön ist und das Leben bereichert. Der traditionsreichen Villa Speyer aus dem Jahr 1904 wurden drei neue Gebäude angefügt. Die 163 Zimmer und Suiten des Fünf-Sterne-Hotels lassen keinen Wunsch offen. Sieben Tagungsräume und ein 326 Quadratmeter großer Ballsaal laden zu allen möglichen Veranstaltungen ein. Der malerische Garten ist 700 Quadratmeter groß und grenzt an das italienische Hotelrestaurant Gusto an; bei schönem Wetter kann im Grünen oder im schönen Innenhof gespeist werden. Das elegante Restaurant mit seiner exquisiten Speise- und Weinkarte steht auch für Besucher offen.

Auch die JFK Bar ist für alle da. Die drei separaten Bereiche sind tägl. von 9 – 1 Uhr geöffnet. Am Freitag und Samstag sorgt ein DJ für die guten Töne.

Noch ein Grund, warum Frauen und Männer von weit her in die Villa Kennedy kommen: das Villa Spa mit 1.000 Quadratmetern Fläche. Wer kein Hotelgast ist, kann mit einer Tageskarte oder verschiedenen Mitgliedschaften die diversen Angebote nutzen. Das Villa Spa, geöffnet tägl. von 6.30 – 22 Uhr, ist ausgestattet mit einem 125-Meter-Pool mit Whirlpool und Entspannungsliegen, einer finnischen Sauna und einem Dampfbad sowie Fitnessräumen. Dazu gibt es zahlreiche Maniküre- und Behandlungsmöglichkeiten.

Das Spa mit seinen Angeboten kann auch zur Vorbereitung einer Hochzeit genutzt werden. Für alles andere sorgen dann die freundlichen Menschen der Villa Kennedy. Ob kleine oder große Feier, alles wird zuverlässig von der Hochzeitsplanerin arrangiert – von den Einladungen bis zum Zimmer für die Hochzeitsnacht.

Der schöne Innenhof der Villa Kennedy

Die Villa Kennedy, verkehrsgünstig südlich des Mains gelegen und nur wenige Minuten vom Hauptbahnhof entfernt, ist Ausgangspunkt vieler Ausflüge. Das Museumsufer mit seinen vielen Museen beginnt gleich um die Ecke. Die Innenstadt von Frankfurt und der Stadtwald, Teil des GrünGürtels, sind ebenfalls nicht weit.

VILLA KENNEDY · Kennedyallee 70 · 60596 Frankfurt am Main
Tel. 069/71 71 20 · reservations.villakennedy@roccofortehotels.com
www.roccofortehotels.com

Der Teufel trägt Prada

Und mancher Engel tut es auch. Selbstverständlich gibt es in Frankfurt Prada zu kaufen – in der Goethestraße, die sich vom Rathenauplatz, auf dem das Denkmal für Goethe steht, bis zum Opernplatz mit der Alten Oper erstreckt. Hier können Verliebte einen Einkaufsbummel machen und sich mit den schönen Dingen des Lebens be-

Die Goethestraße verführt zur Einkaufslust

schenken. Einige weitere verführrerische Namen: Gucci, Hermès, Versace, Chanel, Armani, Tiffany (ohne Frühstück), Bulgari, Cartier, Wempe, Lalique.

Die Fressgass, Einkaufsstraße mit Gaststätten und Restaurants, führt vom Opernplatz zurück zur Hauptwache, wo die Zeil beginnt. Die 700 Meter lange Fußgängerzone bis zur Konstablerwache ist als umsatzstärkste Einkaufsmeile Deutschlands bekannt. Modehäuser, Kaufhäuser, MyZeil und viele andere Geschäfte bieten alles, was das Herz begehrt und das Portemonnaie oder die Kreditkarte erlaubt.

www.goethestrasse.de · www.zeil-online.de

Ich schau dir in die Augen, Kleines

Das sagt Rick Blaine zu Lisa Lund in der deutschen Version des Films „Casablanca". Eine Bar namens Rick's gibt es nur in Casablanca. Dafür gibt es in Frankfurt viele berühmte Bars, in denen sich Verliebte bei Cocktails in die Augen schauen. Die JFK Bar in der

Main Plaza mit Bar

Villa Kennedy und die Turmbar in der Gerbermühle wurden schon erwähnt.

Die 1911 in Paris gegründete Harry's New York Bar, die Amerikanern wie Hemingway und Humphrey Bogart in Paris ein Stück Heimat vermittelte und in der Cocktails wie die Bloody Mary gemixt wurden, hat gestattet, dass die Bar im markanten Hochhaus von Lindner Hotel & Residence Main Plaza in Sachsenhausen in der Nähe des Mainufers auch Harry's New York Bar heißt (geöffnet tägl. 18 – 3 Uhr). Hier gibt es regelmäßig Livemusik. In der Davidoff Lounge kann geraucht werden.

HARRY'S NEW YORK BAR · Walther-von-Cronberg-Platz 1
60594 Frankfurt am Main · Tel. 069/6 64 01 42 01

Wer beim Flirten und Cocktails-Schlürfen auf die Alte Oper hinabblicken will, umgeben von den Wolkenkratzern der Banken, besucht die 22nd Lounge & Bar (geöffnet So. – Do. 18 – 1 Uhr, Fr., Sa, 18 – 3 Uhr) in der 22. Etage des Hotels Innside Frankfurt Eurotheum im Bankenviertel.

Gegenüber der Messe, deswegen gern auch von Messegästen besucht, lädt die berühmte Jimmy's Bar (geöffnet tägl. 20 – 4 Uhr) mit ihrem eleganten Ambiente im Hotel Hessischer Hof ein. Tägl. gibt es Pianomusik live von 22 – 3 Uhr. Die Küchenmannschaft ist bis in die frühen Morgenstunden tätig.

22ND LOUNGE & BAR · Neue Mainzer Straße 66–68
60311 Frankfurt am Main · Tel. 069/21 08 80 · www.innside.com

JIMMY'S BAR · Friedrich-Ebert-Anlage 40 · 60325 Frankfurt am Main
Tel. 069/75 40 0 · www.hessischer-hof.de

Nizza und anderes Frankfurter Grün

Der mediterrane Großgarten am nördlichen Mainufer zwischen
Friedens- und Untermainbrücke heißt „Nizza" und lädt ein, zwischen Palmen und anderen exotischen Gewächsen zu spazieren und
zu verweilen.

Etwa vier Kilometer lang ist der Anlagenring, der die Innenstadt
umkränzt. Er beginnt am Schauspielhaus, führt an Wolkenkratzern,
der Alten Oper und anderen Sehenswürdigkeiten vorbei und endet
am Literaturhaus an der Ignatz-Bubis-Brücke. Auf den Flächen der
ehemaligen Wallanlagen wurden Gärten und Parks angelegt und mit
Brunnen, Skulpturen und Denkmälern geschmückt. Der Anlagen-

Das Nizza in Frankfurt

ring kann in Etappen ergangen werden, Haltestellen von U- und S-Bahn sind immer in der Nähe.

Auf etwa 8.000 Hektar, einem Drittel der Stadtfläche, gibt es Wiesen, Felder, Parks mit Spiel- und Sportanlagen, Gärten, Auen, Wälder. Die vielfältigen Landschaften umgeben die Stadt und verbinden die äußeren Stadtteile, bilden den GrünGürtel, der zugleich wie der Mainuferweg Teil des Regionalparks RheinMain ist. Viele Wege für Spaziergänger, Wanderer, Radler, Reiter gehen durch den GrünGürtel.

www.umweltfrankfurt.de · www.gruenguertel.de
www.regionalpark-rheinmain.de

Palmengarten – Pflanzen. Leben. Kultur

Im Westend erstreckt sich der weltberühmte Palmengarten. Wer diesen 22 Hektar großen Garten in seiner ganzen Vielfalt erleben will, braucht einige Stunden, in denen eine Reise durch die weltweite Botanik führt. Hier wachsen und gedeihen alle Pflanzen – gewaltige Palmen, bunte Orchideen, Seerosen, Stiefmütterchen und bizarre Gewächse aus den Trockengebieten der Erde.

1869 schuf der Gartenarchitekt Heinrich Siesmayer einen Landschaftspark für die Bürger der Stadt. Das Palmenhaus, Herzstück der Anlage, beherbergte Pflanzen aus damals unerreichbar fernen Regionen. Seither ist der Palmengarten stetig gewachsen und besitzt neben den historischen Häusern auch moderne Gewächshäuser, in denen die Pflanzenwelt in ihrer überwältigenden Fülle präsentiert wird. In der reizvollen Parkanlage gibt es Themengärten und unterschiedliche Freizeitangebote für Jung und Alt. Kinder fahren mit dem Palmenexpress oder paddeln auf dem Teich. Wechselnde Blumen- und Informationsausstellungen sowie ein umfangreiches Kulturprogramm machen den Besuch zu jeder Jahreszeit zum großen Erlebnis.

Der Palmengarten ist von Februar bis Oktober von 9–18 Uhr, von November bis Januar von 9–16 Uhr geöffnet. Eingangskassen befinden sich in der Palmengartenstraße, in der Siesmayerstraße 63,

Das Tropicarium im Palmengarten

die Eingangskasse in der Zeppelinallee ist nur an Sonn- und Feiertagen von 10 – 16 Uhr geöffnet.

PALMENGARTEN DER STADT FRANKFURT AM MAIN
60323 Frankfurt am Main · Tel. 069/21 23 39 39
info.palmengarten@stadt-frankfurt.de
www.palmengarten.de

Steig in das Traumboot der Liebe

Lebenslust und Liebe gibt es an Land und auf den Wellen des Was-
sers. Am Eisernen Steg am nördlichen Mainufer legen die fünf schönen Schiffe der weißen Flotte Frankfurts zu ihren Fahrten ab. Das
vielfältige Fahrtenprogramm bietet von der kleinen Rundfahrt über
Ausflüge nach Aschaffenburg bis hin zu Fahrten nach Heidelberg
alles an. Reizvoll sind After-Work-Shipping und Salsa-Fahrten, romantische Riversight-Dinner und Feuerwerksfahrten, spannend
sind die Ausflüge mit dem Krimi-Schiff, zauberhaft die Fahrten des
Zauber-Schiffs, märchenhaft das Programm Weihnachtissimo.

BBQ-Donuts sind schwimmende Grillboote mit Motor

In der Sommerzeit gibt es einen neuen Partyspaß. Runde Boote mit Sonnenschirm, Grill an Bord und Benzinmotor fahren ab Bootshaus „D3" am Sachsenhäuser Ufer auf dem Main. Die Boote heißen ihrer Form und Funktion wegen BBQ-Donuts. Die Donuts haben einen Durchmesser von 3,5 Metern, bieten Platz für zehn Personen einschließlich des Bootsführers und können stundenweise, auch von Paaren, gebucht werden.

PRIMUS-LINIE · Frankfurter Personenschifffahrt · Eiserner Steg
Tel. 069/1 33 83 70 · mail@primus-linie.de · www.primus-linie.de

MAIN-BBQ · Volker Ebert
info@main-bbq.de · www.main-bbq.de

Helden am Herd

Statt für den liebsten Menschen stundenlang in der Küche zu stehen oder zu zweit Küchendienst zu leisten, kommt der Held am Herd ins Heim und zaubert nach Ihren Wünschen ein Menü. Falls Sie mit Gästen feiern wollen – zum Beispiel eine Verlobung – sorgt der Held am Herd für den kulinarischen Höhepunkt im Großraum Frankfurt/Offenbach. Der Privat- und Mietkoch Thomas Wagner hat schon in Erno's Bistro, im Knoblauch und in anderen bekannten Restaurants gekocht und gibt auch Kochkurse, entweder privat bei Ihnen zu Hause oder in seiner Kochschule in Offenbach.

Sie möchten den Schwarm Ihrer schlaflosen Nächte einmal zu sich nach Hause einladen und mit einem raffinierten Menü verzaubern? Etwas Asiatisches möchten Sie gern in Ihrer Küche zubereiten oder auch etwas Hessisches? Nur wo bitte gibt es einen Stängel Zitronengras, alle Zutaten für eine fruchtige Pflaumensoße und thailändisches Currypulver? Auch Senf und saure Sahne haben Sie für die grüne Soße nicht im Haus. Für moderne Genießer hat in Frankfurt (Leipziger Straße 43) das Kochhaus (Mo. – Sa. 10 – 21 Uhr) geöffnet. Hier bekommen Sie neben den Rezepten für Vorspeise, Hauptgericht und Nachtisch alles für den kulinarischen Abend abgewogen und abgezählt – das Stück Zitronengras ebenso wie eine Knoblauchzehe, ein Stückchen Ingwerknolle oder vier Kartoffeln. Weine, Essige und Öle werden selbstverständlich auch angeboten. Sie

So sehen Helden aus, wenn sie am Herd stehen

können online bestellen, holen alles im Kochhaus ab oder lassen sich alle Zutaten für das Menü zum Nachkochen nach Hause schicken.

www.privatkoch-thomas-wagner.de · www.kochhaus.de

Besondere Genüsse in Kaffeehaus und Obsthof

Lang ist die Liste der Berühmtheiten, angeführt vom Philosophen Adorno, die hier eingekehrt sind, und noch immer ist das legendäre Café Laumer im Frankfurter Westend Treffpunkt von Philosophen, Künstlern, Lebenskünstlern, jungen Studenten und Hausfrauen allen Alters. Hier gibt es Kaffee und Kuchen, Frühstück und Mittagstisch, Brot und Brötchen – dazu Pianomusik (geöffnet tägl. 8 – 19 Uhr). Im Sommer lädt der Sommergarten zum Verweilen ein.

Das Café Laumer

Die U6 und U7 fahren hierher (Haltestelle Westend). Ein kleiner Spaziergang von der Alten Oper führt auch zum Café.

Im Norden von Frankfurt, im Stadtteil Nieder-Erlenbach, lädt der Obsthof am Steinberg zu Einkauf und Aufenthalt ein. Der Hofladen mit seinem reichen Angebot ist vom 1. April bis 31. Oktober tägl. von 9–19 Uhr geöffnet, vom 1. November bis 31. März von Mo. bis Fr. von 11–18 Uhr, an Sams-, Sonn- und Feiertagen von 10–18 Uhr. Wer den Weg hierher gefunden hat, dem sei empfohlen, einzukehren. Die rustikale Schoppenwirtschaft ist vom 1. April bis 31. Oktober donnerstags und freitags von 15–22 Uhr, an Sams-, Sonn- und Feiertagen von 11–22 Uhr geöffnet, in der Winterzeit Sams- und Sonntag von 11–18 Uhr.

Es gibt immer wieder einen Grund, einen Ausflug zum Obsthof zu unternehmen. Auch die beliebten Veranstaltungen, Wanderungen und Feste locken hierher.

CAFÉ LAUMER · Bockenheimer Landstraße 67
60325 Frankfurt am Main · www.cafelaumer.de

OBSTHOF AM STEINBERG · Am Steinberg 24
60437 Frankfurt/Nieder-Erlenbach · www.obsthof-am-steinberg

OFFENBACH UND MÜHLHEIM AM MAIN

Stadt, Land, Fluss

Die Highlights: Grand Canyon, Klimaroute entlang des Mains, Schultheis-Weiher, Wochenmarkt und Wetterpark, Dreieich, Tanzen und Fliegen in den siebten Himmel.

Ihr Ausgangspunkt um Offenbach herum ist ein wunderschönes Landhotel in Mühlheim. Lassen Sie sich und Ihre große Liebe verzaubern.

Sind Sie verliebt, verlobt oder verheiratet und suchen nach einem besonderen Geschenk? Wie wäre es mit einem Fotoshooting bei artix und unartix? Oder einem Tanzkurs bei Diereck Dross? Die gesamte Gegend ist seit jeher ein weites Feld für zärtliche Gefühle und heiße Leidenschaft. Eine berühmte Liebesgeschichte spielt in Offenbach, nämlich die von Lili und Goethe.

Lili und Goethe

Goethe kannte und schätzte Offenbach. Von Frankfurt war man selbst zu Fuß bald in der Nachbarstadt am Main. Der Dichter hatte als seine erste Liebschaft das Gretchen aus der Wirtschaft „Zur goldenen Rose" in der Offenbacher Domstraße gehabt.

Anfang Januar, vielleicht war es beim Fest zum Neujahr 1775, lernte Goethe die 17-jährige Anna Elisabeth Schönemann kennen, die Lili genannt wurde. „Ein unbezwingliches Verlangen war herrschend geworden: ich konnte nicht ohne sie, sie nicht ohne mich sein." Zur Frankfurter Ostermesse verlobten sich die beiden Verliebten.

Goethe reimte seine Lili-Gedichte. „Herz, mein Herz, was soll das geben?", beginnt das erste, das so schließt: „Liebe! Liebe! Lass mich los!" und seiner Angst vor Bindung Ausdruck gibt. Goethe floh aus dem Verhältnis mit Lili nach einem halben Jahr und löste während der Frankfurter Herbstmesse die Verlobung wieder. Er blieb jedoch bis 1807 mit der inzwischen als Frau von Türckheim verheirateten Lili in Briefkontakt und bekannte später gegenüber Eckermann: „Ich bin meinem eigentlichen Glücke nie so nah gewesen als in der Zeit jener Liebe zu Lili."

Lilitempel wird das Metzlersche Badehaus genannt

Im Lili-Park, der sich dem Büsing-Park und -Palais anschließt, flanierten und lustwandelten Lili und Goethe am nahen Main.

Das neobarocke Büsing-Palais ist heute ein repräsentativer Veranstaltungsort, in dem sich auch der schöne Trausaal des Standesamts befindet. Der Nordflügel des Palais dient der Stadtbücherei, der Südflügel dem weltweit einmaligen Klingspor-Museum für Buch- und Schriftkunst. Schräg gegenüber im Bernardbau residiert das Haus der Stadtgeschichte mit Museum und Archiv.

info@ofinfocenter.de · www.offenbach.de

MÜHLHEIM AM MAIN

Das Wahrzeichen der Stadt ist die Brückenmühle von 1576, die heute unter Denkmalschutz steht. Die Routen des Mühlenwanderwegs sind ausgeschildert.

Das Landhaus Hotel Waitz

Als Ausgangspunkt für Ausflüge und verschiedene Aktivitäten in Mühlheim und Offenbach schlagen wir das Landhaus Hotel Waitz vor. Das Hotel ist ein seit Generationen liebevoll und stilvoll geführter Familienbetrieb, der seine Gäste mit romantischen und individuell eingerichteten Zimmern sowie dem Feinschmecker-Restaurant „Das Waitz" verwöhnt. Stilvoll und modern geht es auch in der „Steff's Lounge" zu – neben kleinen Gerichten und coolen Drinks lässt es sich im Lounge-Ambiente relaxen, vom Alltag abschalten und die schöne Jahreszeit im Freien genießen.

Was bedeutet WWW? Nein, nicht World Wide Web, sondern Wellness-Wohlfühlen-Waitz. Beim Zwei-Tage-Verwöhnprogramm übernachten Sie beispielsweise in einer Deluxe-Suite, nutzen die Wellness-Oase und genießen am Abend ein Candle-Light-Dinner mit sechs Gängen. Wenn Sie sich dann später für eine Hochzeit entschieden haben, bietet Ihnen das Hotel die besten Voraussetzungen für Ihren schönsten Tag im Leben.

Waitz, ein Ort des Genusses und des Wohlfühlens

LANDHAUS HOTEL WAITZ · Bischof-Ketteler-Straße 26
63165 Mühlheim/Lämmerspiel · Tel. 0 61 08/60 60
willkommen@hotel-waitz.de · www.hotel-waitz.de

Picknick im Grand Canyon

Warum in die Ferne schweifen, der Grand Canyon liegt so nah – nämlich bei Mühlheim-Dietesheim. Dieses außergewöhnliche Erholungsgebiet liegt im Osten, eine Allee führt von Dietesheim ins Erholungsgebiet.

Zwischen 1865 und 1982 wurde hier in mühevoller Kleinarbeit Basalt abgebaut. Nach dem Ende des Basaltabbaus formten sich auf rund 60 Hektar viele kleine Seen. Innerhalb von zwölf Jahren entstand hier ein Erholungsgebiet mit Seen und Schluchten von einmaliger Schönheit. Dominierendes Merkmal des Naturschutzgebiets sind die steil ins Wasser fallenden Hänge und Felswände. Am Ufer des Grünen Sees befindet sich die Gaststätte „Zum Grünen See Eck".

Eine Infotafel zeigt das Wegenetz im Seengebiet und lädt zu kleineren Spaziergängen und größeren Wanderungen ein. Die aufgelas-

Im Seengebiet östlich von Mühlheim

senen Steinbrüche bieten heute als Naturschutzgebiet Pflanzen und Tieren einen geschützten Lebensraum. Sogar auf den nackten Basaltwänden grünt und blüht es. Wer Rücksicht auf Pflanzen und Tiere nimmt, kann hier in malerischer Kulisse ein romantisches Picknick veranstalten. Dieses wunderbare Paradies ist ganzjährig zugänglich. Am Eingang befindet sich ein Parkplatz. Zelten, Boot fahren und Schwimmen sind im Seengebiet nicht erlaubt.

Klimaroute: Main trifft Amazonas

Zu Fuß oder mit dem Fahrrad lässt es sich sehr schön auf dem Mainuferweg von Mühlheim nach Offenbach und weiter bis Frankfurt wandern oder radeln.

Dabei laden gegenüber von Dörnigheim Sitzkiesel zum Verweilen ein. Hier wäre jetzt eine gute Gelegenheit für ein kleines Picknick. Lara Glück, damalige Studentin an der Hochschule für Gestaltung Offenbach, entwarf diese Sitzgelegenheiten, „auf der du tanzen und liegend in den Himmel schauen kannst..." Diese unverwechselbaren Verweilmöglichkeiten sind entlang der gesamten Regionalpark-Rundroute zu finden.

Nachts schwimmen die Amazonasfische im Main

Von Mühlheim-Dietesheim über Offenbach und Frankfurt bis Kelsterbach erstreckt sich entlang des Mains die rund 25 Kilometer lange Klimaroute. Die erste Station dieser Route, die zugleich ein Regionalpark-Projekt ist, befindet sich in Mühlheim-Dietesheim zwischen der Schleuse im Osten und der Fähre nach Dörnigheim im Westen.

Auf einem Steg hängen große Tafeln an der Spundwand. Darauf sind die Mainschleusen markiert und Mainfische dargestellt. Die Amazonasfische leuchten in der Dunkelheit und in Leuchtschrift heißt es „Willkommen am Amazonas". Die Verbindung vom Main zum Amazonas ergibt sich dadurch, dass die Abholzung der Wälder im Amazonasgebiet das gesamte Weltklima verändert.

information@regionalpark-rheinmain.de
www.regionalpark-rheinmain.de

Bevor Sie auf dem Mainuferweg nach Offenbach gelangen, machen Sie einen kleinen Abstecher zu einem schönen Baggersee. Der Schultheis-Weiher liegt im Mainbogen zwischen den Offenbacher Ortsteilen Rumpenheim und Bürgel.

Baden im Schultheis-Weiher

Den Weiher kann man mit einem kleinen Spaziergang umrunden. Und wer baden möchte, findet den frei zugänglichen Eingang in der Südwestecke; hier gibt es auch einen Kiosk, Toiletten und von Mai bis September tägl. von 9–22 Uhr eine Badeaufsicht. Wer mag, stürzt sich mit einem Sprung kopfüber von einem der Stege ins kühle Nass.

Ein Teil des Sees ist den FKKlern vorbehalten. Das Baden ist allerdings im Sommer wegen starken Algenbewuchses nicht immer gestattet. Der nördliche Teil des Weihers ist ein Naturschutzgebiet. Zahlreiche Zugvögel aus dem Norden überwintern hier. Auch Angler haben hier ihr Revier.

Rechts am Strand der FKK-Bereich

Typisch italienisch: der Wilhelmsplatz

Schon der Schriftsteller und Dichter Johann Gottfried Seume (1763–1810) schrieb einst über Offenbach: „Die ganze Gegend ist wie ein Paradies. Man glaubt in Oberitalien zu sein."

Beenden Sie Ihre Tour auf dem Mainuferweg am Isenburger Schloss von 1578, dem wohl schönsten Renaissancebau nördlich der Alpen. Passieren Sie das Deichtor und gehen geradeaus die Schlossstraße bis zur Bieberer Straße, die links nach wenigen Metern zum Wilhelmsplatz

An drei Tagen wird der Wilhelmsplatz zum Marktplatz

führt, auf dem dreimal in der Woche Markt abgehalten wird (geöffnet Di., Fr., Sa. 8–14 Uhr). Er zählt wohl mit zu den schönsten Wochenmärkten in Hessen.

Offenbach besitzt den unvergleichbaren Charme einer multikulturellen Stadt. Von den über 45.000 Migranten profitieren alle Offenbacher. Hier kommen nicht nur Grüne Soße mit Salzkartoffeln, Handkäse mit Musik und Ahle Worscht auf den Tisch, sondern auch Kürbis und Karden, Scamorza und Barba di fratte, Oliven, Schafskäsecreme und italienisches Landbrot. Aber natürlich auch Obst und Gemüse, Fleisch, Wurst, Käse und Eier aus unserem schönen Hessenland.

Rund um den Wilhelmsplatz stehen schmucke Häuser, in denen sich außergewöhnliche Gaststätten wie das Markthäuschen, die Brasserie Beau d'Eau, die Restaurants Fleischeslust und Tafelspitz angesiedelt haben. „4 Zimmer und Garten" in der Bleichstraße gegenüber dem Wochenmarkt verkauft für Heim und Garten die schönsten dekorativen Artikel aus aller Welt.

Wetterpark und Portal zum Regionalpark RheinMain

Auf der Rundroute des Regionalparks RheinMain (siehe Seite 175) befindet sich bei Kilometer 113,8 der Wetterpark mit dem Besucherzentrum, das Ausstellungsraum, Veranstaltungs- und Lernort ist. Es ist das zweite Portal in den Regionalpark nach dem in Flörsbach-Weilbach. Weil sich in Offenbach das Zentralamt des Deutschen

Das Besucherzentrum des Wetterparks, Ort der Information und Unterhaltung

Wetterdienstes (DWD) befindet, ist der Wetterpark hier als großes und wichtiges Regionalpark-Projekt zusammen mit dem DWD errichtet worden. Um einen Überblick über die attraktive Informations- und Erholungsanlage zu erhalten, empfiehlt es sich, die 47 Stufen des Aussichtsturms zu erklimmen. Den Besuchern werden in verständlicher Form anhand von Objekten und Geräten die Aspek-

Der Wetterpark ist bei jedem Wetter ein Erlebnis

te und Erscheinungsformen des Wetters, auch mit Führungen, erklärt. Der Park mit seinen 20.000 Quadratmetern ist frei zugänglich. Das Besucherzentrum ist von von März bis September Di. bis
So. von 9.30 – 18.30 Uhr, im Oktober bis 16.30 Uhr geöffnet. Eintritt frei.

Für Wanderer und Radfahrer ist der Wetterpark auf der ausgeschilderten Route erreichbar; der Offenbacher Bus 106 fährt hierher, Wege von der Rhönstraße führen auf den Buchhügel.

REGIONALPARK-PORTAL · Wetterpark Offenbach
Buchhügelallee · 63071 Offenbach am Main · Tel. 069/83 83 68 96
wetterpark@infocenter.de
www.wetterpark-offenbach.de

Artige und unartige Fotos

Barbara Pommerening führt seit über zehn Jahren in Offenbach ein
Atelier für artige und unartige Fotografie. Man bekommt hier nicht
nur erotische Fotos mit höchster ästhetischer Ausstrahlung, auch die
artigen Fotos zeigen wahre Persönlichkeiten.

Unartig, aber schön

Ein Auszug aus dem Gästebuch: „… Ich bin mir sicher, mein Mann wird die Fotos lieben und wir haben immer eine tolle Erinnerung an die Kugelzeit!"

ARTIX & UNARTIX
Kaiserstraße 32–34 / Merabau
63065 Offenbach am Main
Tel. 069/85 70 05 25
unartix@t-online.de
www.unartix.de

Hochzeitswalzer für Tanzmuffel

Keine Zeit für einen monatelangen Tanzkurs, um während der eigenen Hochzeit oder der der Freunde eine gute Figur zu machen? Die Tanzschule Diereck Dross macht's möglich. Sie können als Paar einen Kurs buchen oder das zusätzliche Hochzeitsangebot der regulären Tanzkurse nutzen. Hier lernen Sie den Hochzeitswalzer rechts und links herum.

Die Tanzschule ist sehr flexibel, wer's ganz eilig hat, bekommt schnell einen Termin für Privatstunden.

TANZSCHULE DIERECK DROSS · Serengetisaal Zoo Frankfurt
Waldschmidtstraße 98 · 60314 Frankfurt am Main
Tel. 069/21 93 65 64 · mail@diereck-dross.de · www.diereck-dross.de

Über den Wolken …

Vom Flugplatz Egelsbach, Landkreis Offenbach, und nur etwa 25 Kilometer von der Stadt Offenbach entfernt, können Sie sich hoch oben über den Wolken in der „Tante Anna" trauen lassen. Sie fliegen mit dem größten Doppeldecker der Welt, der Antonov 2. Auf Wunsch wird alles organisiert: der Standesbeamte, Kanapees und Getränke an Bord sowie die anschließende Hochzeitsfeier am Boden. Aber der Flug mit der Antonov muss nicht zwingend in der Ehe landen; der Flug selbst ist ein Höhepunkt und jeden Cent wert.

Ju52, Tante Ju genannt

Zum Angebot von Classic Wings gehören auch verschiedene Nostalgieflüge wie ein Flug über Frankfurts Skyline oder „fly & dine". Sie können aber auch mit der legendären Ju52 über den Wolken fliegen. Das ist vom Flugplatz Egelsbach, Hans-Fleißner-Straße, 63329 Egelsbach, möglich.

CLASSIC WINGS RHEIN-MAIN · Auf der Senne 3 · 35112 Fronhausen
Tel. 0 64 26/9 28 73 71 · info@classicwings-rheinmain.de
www.classicwings-rheinmain.de

JU52 – DEUTSCHE LUFTHANSA BERLIN-STIFTUNG
Postfach 63 03 00 · 22313 Hamburg · Tel. 040/50 7017 17
ju52buchung@dlh.de · www.dlbs.de

DREIEICH

Dreieich mit seinen Stadtteilen ist einer der reizvollen Orte im Landkreis Offenbach. In den Eichwäldern bei Offenbach jagte einst Karl der Große.

Die beliebte Alte Backstube des Hofguts Neuhof

Hofgut Neuhof, Stangenpyramide, Burg Hayn

Das historische Hofgut aus der Zeit um 1500, nach dem Dreißig-
jährigen Krieg neu errichtet, ist ein beliebtes Ausflugsziel. Zugleich
ist Neuhof eine Station im Regionalpark RheinMain. Radfahrer und
Wanderer erreichen Neuhof und Burg Hayn auf der Tour 16 des
Rad- und Wanderführers Regionalpark RheinMain. Wer mit dem
Auto kommt, fährt auf der L3317, die Neu-Isenburg mit Dreieich-
Götzenhain verbindet. Der Bus 653 fährt Neuhof an.

Die Gutsschänke bereitet und serviert hessische und internationale Küche (Mo. bis So. ab 11.30 Uhr). Die Alte Backstube verkauft
Brote und Kuchen, Marmeladen, Wurst und Schinken, Säfte und
Weine; meistens sind es Hofgut-Produkte (Verkauf tägl. 10–
20 Uhr). In der Backstube gibt es einen Gastraum, hintern Haus
kann unter Apfelbäumen gegessen und getrunken werden (Mo.–Sa.
10–21 Uhr, So. bis 20 Uhr).

Einer der größten und schönsten Golfanlagen der Region erstreckt sich beim Hofgut.

HOFGUT NEUHOF · 63303 Dreieich-Götzenhain
Tel. 0 61 02/3 00 00 · info@gutsschaenkeneuhof.de
www.gutsschaenkeneuhof.de · www.alte-backstube.de
info@golfclubneuhof.de

Die Stangenpyramide mit Durchblick auf Frankfurt

Vom Hofgut zur Burg Hayn

Am Golfplatz vorbei führt ein Weg nach Westen, einen Hügel hinauf. Oben sind die Antennenanlagen der Deutschen Flugsicherung installiert und hier erhebt sich die „Dreieicher Stangenpyramide". Das markante Kunstwerk wurde von den Neu-Isenburger Landschaftsarchitekten Ipach und Dreisbusch entworfen. Es besteht aus 450 Rundhölzern mit einem Durchmesser von je 24 Zentimetern. Die Stangenpyramide steht auf einer Fläche von 18 mal 24 Metern. Die kürzesten Stangen sind 65 Zentimeter hoch, die höchsten messen sechs Meter. Ein Gang führt durch den Stangenwald auf einen kleinen Platz. Bei guter Sicht ist die Skyline von Frankfurt bis hinüber zum Taunus zu sehen.

Von der Stangenpyramide führt nun der ausgeschilderte Regionalpark-Weg links hinunter nach Dreieichenhain. Bald geht es nach fünf Kilometern ab Neuhof durch das alte Stadttor (Untertor) zur Burg Hayn am Rand des Ortes.

Die Burg, im 11. Jahrhundert errichtet, ist frei zugänglich. Vom Burgturm ist nur noch die mächtige Westwand erhalten. Sie bildet den malerischen Hintergrund für die jährlich stattfindenden Burgfestspiele. Musik aller Art, Musicals, Theater auch für Kinder, Kabarett und Comedy stehen hier im Juli/August auf dem Programm.

Im Dreieich-Museum auf dem Burggelände (Sa. 14 – 18 Uhr, So. 11 – 18 Uhr) wird die Entwicklung der Burg und der Stadt erzählt. Sonderausstellungen locken immer wieder zahlreiche Besucher an. Für Kinder bietet das Museum spannende Entdeckungen.

Zudem sind der Kräutergarten, der Burggraben, der Rosenhag und die Zaunhecke weitere Attraktionen für Garten- und Pflanzenfreunde.

Gegenüber der Burg lädt das Wirtshaus zum Faselstall in seinen schönen Biergarten ein.

Für die Rückfahrt der Wanderer und Radler ist der Bahnhof in der Waldstraße, durch die Altstadt hindurch zu erreichen, nicht weit.

DREIEICH-MUSEUM · Burg Hayn · Fahrgasse 52
63303 Dreieich-Dreieichenhain · Tel. 0 61 03/8 58 88
info@dreieich-museum.de · www.dreieich-museum.de
www.burgfestspiele-dreieichenhain.de

Die Burg Hayn ist ein Ort vielfältiger Erlebnisse

Märchen und Amouren

Die Highlights: Villa Stokkum und die Mainterrassen, Schloss Philippsruhe und Wilhelmsbad, Goldschmiedehaus und die Brüder Grimm, Emma und Einhard, Benediktinerabtei und Basilika.

Beide Städte liegen, nicht weit voneinander entfernt, malerisch am Main. In ihren Mauern bergen sie Kulturschätze, ihre Sehenswürdigkeiten locken Ausflügler und ein internationales Publikum an. Ebenso reich ist der Geschichtenschatz, der mit Hanau und Seligenstadt verknüpft ist. Spaziergänge, Wanderungen, Radtouren und Schiffsausflüge führen durch die idyllische Natur und lassen die reiche Geschichte und die vielen bunten Geschichten, die auch von Liebe, Lust und Leid künden, zum Erlebnis werden.

HANAU

Die Stadt der Brüder Grimm

Alle Welt kennt Dornröschen, Rotkäppchen, Schneewittchen, Hänsel und Gretel und die anderen Figuren

Das Nationaldenkmal für die Brüder Grimm

aus den Märchen, die von den Brüdern Grimm gesammelt und neu erzählt wurden. Diese Geschichten von Lust und Verlust, Freude und Trauer, Gut und Böse haben längst Hollywood und Disneyland erobert. Bei den Brüder-Grimm Festspielen werden die Märchen als Schauspiel oder Musical im Amphitheater im Park von Schloss Philippsruhe von Mitte Mai bis weit in den Juli hinein aufgeführt (www.festspiele.hanau.de).

Auf dem Marktplatz vor dem Neustädter Rathaus, in dem auch die Tourist-Information ihre Dienste anbietet, steht das Nationaldenkmal für die Märchenbrüder. Von den zahlreich angebotenen Themen- und Kostümführungen sei vor allem „Die Brüder Grimm zeigen ihre Geburtsstadt" erwähnt.

Der Familie Grimm wurde 1785 der Sohn Jacob, im Jahr darauf Wilhelm geboren. 1790 kam außerdem Ludwig Emil zur Welt. Während die älteren Brüder Sprachwissenschaftler und Märchensammler waren, wurde der jüngere Bruder ein vorzüglicher Zeichner und Maler. Siehe auch Seite 60 und 99.

touristinformation@hanau.de · www.hanau.de

Hotel Villa Stokkum in Hanau

Der Barockgarten der Villa Stokkum

Über einem Gewölbekeller von 1665, in dem einst Wein gekeltert wurde, entstand Mitte des 18. Jahrhunderts ein Herrenhaus, das dem Baron zu Stokkum-Sternfels als Sommerresidenz diente. Um 1870 erfolgte die Umwandlung des Anwesens zu einer Zigarrenfabrik. Aus dieser Zeit stammt der Backsteinanbau mit Wasserturm und Feuerglocke. Heute dient das historische Ensemble verschiedener Stil-Epochen zusammen mit einem Neubau als modernes Vier-Sterne-Hotel.

Es ist das einzige bewohnbare Denkmal auf der „Route der Industriekultur Rhein-Main". Zu den vielfältigen Arrangements des Hotels gehört das Angebot „Liebe & Genuss", um eine junge Liebe zu feiern oder eine alte anzufeuern. Unter das kulinarische Motto „Sinnvoll & Sinnlich" stellt das Restaurant (geöffnet Mo. – Sa. 18.30 – 23 Uhr) seine Auswahl an Speisen und Getränken.

Die Villa Stokkum ist der richtige Ort für Feiern und romantische Dinner sowie Ausgangspunkt für Ausflüge und Spaziergänge. Etwa zum nahen Schloss Steinheim mit seinem Museum für regionale Vor- und Frühgeschichte (Sa. – So. 11 – 17 Uhr).

BEST WESTERN PREMIER HOTEL · Villa Stokkum
Steinheimer Vorstadt 70 · 63456 Hanau-Steinheim
Tel. 0 61 81/66 40 · info@villastokkum.bestwestern.de
www.villastokkum.de

Das Deutsche Goldschmiedehaus, ein Schmuckstück der Stadt

Gold und Silber lieb ich sehr

Der schönste Schmuck, Tafelgeräte und Accessoires von Künstlern aus Deutschland und aller Welt sind im Goldschmiedehaus zu bewundern. Sonderausstellungen laden immer wieder zum Besuch ein (geöffnet Di.–So. 11–17 Uhr). Die Brüder Grimm kannten das große Fachwerkgebäude von 1537/38 noch als Altstädter Rathaus. Durch die Aufnahme von Glaubensflüchtlingen aus den Niederlanden und aus Wallonien 1597, darunter viele Goldschmiede, erlebte Hanau einen wirtschaftlichen Aufschwung.

DEUTSCHES GOLDSCHMIEDEHAUS
Altstädter Markt 6 · 63450 Hanau · Tel. 0 61 81/25 65 56
gfg-hanau@t-online.de · www.goldschmiedehaus.com

Philippsruhe – das Versailles am Main

Als dem Grafen Philipp Reinhard von Hanau-Lichtenberg sein Stadtschloss in Hanau zu klein wurde, ließ er ab 1701 im Westen der Stadt am Mainufer ein prächtiges Barockschloss errichten, das sein Sommer- und Ruhesitz sein sollte. Graf Philipp zog 1712 in das

Hochzeit im Schloss Philippsruhe

teilweise bewohnbare neue Schloss, in dem er noch im gleichen Jahr starb. Sein Bruder, Graf Johann Reinhard III., übernahm die Fertigstellung des Schlosses nach dem Vorbild von Versailles. Nach dem Tod dieses Grafen, der keine Nachkommen hinterließ, fiel das Schloss an die Landgrafen von Hessen-Kassel. 1764 zog Erbprinz Wilhelm IX., der spätere Landgraf von Hessen-Kassel und Kurfürst Wilhelm I., mit seiner Gemahlin Wilhelmine Karoline von Dänemark für 20 Jahre in Schloss Philippsruhe ein.

Heute sind im Schloss das Historische Museum Hanau mit Kunst und Kunsthandwerk, das einzigartige Papiertheater-Museum und die Brüder-Grimm-Abteilung zu besichtigen (geöffnet Di. – So. 11 – 18 Uhr). Im Schloss gibt es zudem einen zauberhaften Trausaal und das Schloss-Restaurant mit Terrasse. Der Schlosspark lädt zum Lustwandeln und zum Picknick ein.

SCHLOSS PHILIPPSRUHE
Philippsruher Allee 45 · 63454 Hanau-Kesselstadt
Tel. 0 61 81/2 95 17 99 · Restaurant Tel. 0 61 81/25 80 10
museen@hanau.de · www.philippsruhe.hanau.de

„Wilhelmsbad, mein Juwel und Lieblingsort"
Vor über 300 Jahren entdeckten zwei Kräuterweiblein einen Gesundbrunnen. Deshalb ließ Erbprinz Wilhelm 1777 eine luxuriöse

Badeanlage errichten, die zu seinem Lieblingsort wurde. Die drei Kilometer lange Burgallee verbindet Philippsruhe mit Wilhelmsbad und Gäste aus aller Welt kamen hierher. Vor etwa 100 Jahren versiegte die Quelle. Heute dienen die Kuranlagen als Comödienhaus, Puppenmuseum, Restaurant. Der Park mit Karussell und anderen Zierbauten lädt zum Spazieren und Picknicken ein.

Wilhelm, der mit seiner Frau vier Kinder zeugte, ließ sich im Park eine künstliche Burgruine als Lustburg bauen, die innen prächtig ausgestattet war. Hier vergnügte er sich mit seinen Mätressen und zeugte mindestens zwei Dutzend weitere Kinder. Als Belohnung für ihre erotischen Dienste wurden die Damen zum Teil geadelt und mit vermögenden Herren verheiratet.

Die Burg ist mit Führungen zu besichtigen (Apr. – Okt. Sa. und So. 14, 15, 16 Uhr).

SELIGENSTADT

„Selig sei die Stadt genannt ..."

Seligenstadt ist von Hanau-Steinheim etwa zehn Kilometer entfernt. Es ist eine Drei-Kaiser-Stadt: Barbarossa unterhielt hier eine Pfalz, die als imposante Ruine zu besichtigen ist. In der Großen Maingasse residiert der Eis-Kaiser; berühmt wegen seines Speise-Eises. Und Karl der Große fand hier seine Tochter wieder, wie die Sage weiß.

Kaiser Karl hatte seine schöne Tochter Emma dem Kaiser von Byzanz versprochen. Eines

Der Spruch des Kaisers und erotische Figuren zieren das Einhardshaus

Tages sah er, wie Emma früh morgens heimlich das Zimmer seines Sekretärs Einhard verließ und in ihre Gemächer schlich. Karl packte der Zorn, und er schickte die beiden in die Verbannung. Bald bereute er den Verlust der Tochter und des getreuen Einhard. Bei einer Jagd in der Nähe Mulinheims verlor der Kaiser den Anschluss ans Gefolge und verirrte sich zu einer Hütte. Er begehrte Einlass und bat um Verpflegung. Die Hausfrau stellte ihm ein Glas Apfelwein auf den Tisch und begann, Pfannkuchen zu backen. Die schmeckten so gut wie die, die ihm einst seine Tochter gebacken hatte. Er blickte auf und erkannte Emma. Die Tür wurde geöffnet und Einhard trat ein. Glücklich schloss er die beiden in seine Arme. Wieder aus der Wildnis zurück verkündete Karl: „Selig sei die Stadt genannt, da ich meine Tochter wiederfand."

Seit damals heißt die Stadt Seligenstadt. Des Kaisers Spruch ist in Holz geschnitten am Einhardshaus zu lesen.

touristinfo@seligenstadt.de · www.seligenstadt.de

Der Sarkophag, in dem Emma und Einhard beisammenliegen

Einhardbasilika und Benediktinerabtei

Einhard bekam von Kaiser Ludwig I. dem Frommen, Sohn Kaiser Karls, im Jahr 815 ein Königsgut im Maingau und im Odenwald geschenkt. Bis 827 ließ Einhard die Basilika in Steinbach bei Michelstadt erbauen. Zur gottgefälligen Ausstattung der Basilika besorgte er auf dem Schwarzmarkt in Rom Reliquien von Petrus, dem Exorzisten, und Marcellinus, dem Priester, die beide 304 zu Tode gemartert worden waren. Die heiligen Gebeine aber gaben zu verstehen, dass sie nach Seligenstadt überführt werden wollten, wo ab 828 eine weitere Basilika und ein Kloster gebaut wurden. Einhard transportierte die Reliquien nach Seligenstadt. Die Figuren der zwei Heiligen schmücken den Aufgang zur Basilika. Die Kirche und das Kloster veränderten ihr Aussehen im Lauf der Jahre, bis sie im Barock ihre jetzige Gestalt fanden.

Die Basilika St. Marcellinus und Petrus

Emma starb im Jahr 836, Einhard 840. In einem Sarkophag aus Marmor von der Lahn ruhen beide Seite an Seite.

Die Basilika (geöffnet tägl. 9 – 18 Uhr) ist heute die Pfarrkirche von Seligenstadt. Das Kloster wurde 1803 aufgehoben, die Klosterräume einschließlich der Küche und der Klosterapotheke können bei Führungen besichtigt werden (März – Okt. Di. – So. stündlich 10 – 18 Uhr). In der Abtei ist auch das Regio Museum mit dem Kreismuseum der Heimatvertriebenen zu besichtigen (Feb. – Nov. Sa., So., Fr. 11 – 17 Uhr). Der frei zugängliche Klostergarten mit seinen Blumen und Kräutern ist nicht nur für Gärtner eine besonders schöne Sehenswürdigkeit.

Von den vielen Kloster- und Stadtführungen sei eigens erwähnt „Gott sei Dank, sie haben sich!" mit Geschichten von der Liebe und vom Heiraten.

BASILIKA ST. MARCELLINUS UND PETRUS · Einhardbasilika
Große Maingasse · 63500 Seligenstadt · Tel. 0 61 82/33 75
info@basilika.de · www.basilika.de

BENEDIKTINERABTEI · Klosterhof 2 · 63500 Seligenstadt
Tel. 0 61 82/82 98 82 · info@schloesser.hessen.de
www.schloesser-hessen.de

KINZIGTAL UND WETTERAU

Flussidylle und weite Landschaft

Die Highlights: Burg-Mühle und Alte Klostermühle, Barbarossaburg und Ronneburg, Bad Nauheim und Bad Vilbel, Ritterspiele und Burgfestspiele, Hohe Straße und Wandern auf dem Wasser.

Zwischen Vogelsberg und Wetterau im Norden und Spessart im Süden fließt die Kinzig von Nordost nach Südwest und formt eine vielfältige Landschaft. Nach gut 82 Kilometern vereint sie sich in Hanau mit dem Main. An ihren Ufern reiht sich eine Vielzahl von Städten und Gemeinden mit reicher Geschichte. Die goldene Wetterau erstreckt sich von den Taunushängen bis zum Vogelsberg, an dessen Rand das mittelalterliche Büdingen mit Schloss und Stadtbefestigung zur Besichtigung einlädt.

BARBAROSSASTADT GELNHAUSEN

Eine mittelalterliche Liebesgeschichte erzählt vom späteren Kaiser
Friedrich I., der wegen seines roten Barts Barbarossa genannt wurde.
Als junger Mann besuchte er seinen Vater auf dessen Burg im Kinzigtal. Hier begegnete er der wunderschönen Gela, einem Mädchen
von geringem Stand. Die beiden verliebten sich und trafen sich jeden Morgen in der Burgkapelle. Doch Gela glaubte nicht an eine
Erfüllung dieser Liebe, war sie doch nicht ebenbürtig. Als Friedrich
in den Krieg zog, sagte er zu Gela: „Unsere Liebe ist ewig." „Ja",
antwortete sie, „ewig und rein." Nach dem Krieg kehrte Barbarossa
zurück und eilte zur gewohnten Stunde in die Kapelle. Doch Gela
war nicht da. Auf ihrem Platz lag ein Zettel, auf dem zu lesen war,
sie sei ins Kloster gegangen, aber seine Liebe werde sie nie vergessen.
Zu ihrem Andenken gründete Barbarossa die Stadt Gelnhausen.

Die Kaiserpfalz
Die deutschen Kaiser hatten im Mittelalter keine festen Herrscher-
sitze sondern verschiedene Pfalzen, von denen sie zeitweise regierten.

Blick von der Kaiserpfalz auf die Marienkirche

Barbarossa ließ sich auf einer Kinziginsel in Gelnhausen eine Pfalz errichten, die 1180 fertiggestellt war. Die Ruine lässt noch heute ahnen, welch prächtige Anlage sie einst war. Ein Modell ist im Burgmuseum zu sehen. Die Pfalz wird auch Barbarossaburg genannt. (Pfalz und Museum geöffnet März – Okt. Di. – So. 10 – 17 Uhr, Nov. – 23. Dez. Sa. und So. 10 – 16 Uhr).

KAISERPFALZ UND MUSEUM · Burgstraße 14 · 63571 Gelnhausen
Tel. 0 60 51/38 05 · info@schloesser.hessen.de
www.schloesser-hessen.de
tourist-information@gelnhausen.de · www.gelnhausen.de

Hotel Burg-Mühle – Barbarossa als Nachbar

In der Burgstraße unweit der Burg lädt die Burg-Mühle ein, die noch ein großes Mühlrad besitzt, das sich langsam dreht. Das schmucke Anwesen dient als romantisches Hotel und Restaurant, in dem auch Hochzeiten bestens gefeiert werden können. Bei verführerischen Arrangements und Angeboten wie zum Beispiel „Schlemmerwochenende" oder „Fit & Aktiv" lassen sich Genuss und Freizeitspaß vereinen. Auf Wanderungen und Radtouren werden die Sehenswürdigkeiten Gelnhausens, des Kinzigtals und der Wetterau zum Erlebnis. Der Kulturweg Meerholz führt in dieses einstige Dorf mit seinem Schloss. Heute ist Meerholz ein Stadtteil von Gelnhausen; hier befand sich bis Juli 2013 der Mittelpunkt der EU.

Die Burg-Mühle ist heute ein Hotel

BURG-MÜHLE · Hotel und Restaurant · Burgstraße 2
63571 Gelnhausen · Tel. 0 60 51/8 20 50
info@burgmuehle.de · www.burgmuehle.de

Auf der Kinzig und neben dem Fluss

Der Fluss entspringt in Sinntal-Sterbfritz und mündet nach 82 Kilometern in Hanau in den Main. An seinen Ufern und im Kinzigtal liegen Orte wie Schlüchtern mit Burgen und Schlössern und dem Bergwinkelmuseum, Steinau an der Straße mit Schloss und Brüder-Grimm-Haus, Bad Soden-Salmünster mit dem Therma Sol-Gesundheitszentrum, Wächtersbach mit Fachwerk und Schloss, Bad Orb mit der neuen Toskana Therme, und nach Gelnhausen kommt schließlich Langenselbold mit Schloss und Museum.

Bei Bad Soden-Salmünster ist die Kinzig zum Stausee Ahl gestaut. Rund um den See gibt es Wege zum Spazieren, Wandern, Radeln, auf dem See laden Boote zum Rudern und Paddeln. Von der Staumauer bis Hanau ist die Kinzig ein Kanu-Wanderfluss.

Bei Langenselbold lädt der Kinzigsee zur Naturbeobachtung, zum Campen, Baden, Tauchen, Segeln und Sonnenbaden ein.

Ruhevolle Rast am Ufer der Kinzig

Der Radweg R3, der vom Rhein kommt, begleitet die Kinzig bis Schlüchtern und führt weiter nach Thüringen. Am zweiten Sonntag im September heißt es „Kinzigtal Total". Dann ist die B40, die durchs Kinzigtal führt, den Radlern, Skatern und Rollstuhlfahrern vorbehalten. An der ganzen Strecke gibt es Sport und Kultur sowie Speis und Trank.

www.mkk-tourismus-spessart.de/kinzigtal/
www.kinzigtaltotal-mkk.de

Ritter und Räuber auf der Ronneburg

Von Langenselbold ist die mächtige Ronneburg leicht zu erreichen. Vor mehr als 750 Jahren in der Zeit der Staufer errichtet, thront die Burg auf einer Basaltkuppe. Die Ritter sicherten die Handels- und Heerwege zwischen West- und Osteuropa, die unten im Kinzigtal und auf der Hohen Straße durch die Wetterau führten. Die Herren von Cronberg machten die Anlage im 14. Jahrhundert zur Raubritterburg. Später fanden hier Glaubensflüchtlinge Zuflucht.

Die Ronneburg ist auch ein Ort für Hochzeiten

Heute ist die Burg ein beliebtes Ausflugsziel. Der Verein der Freunde der Ronneburg hat viele Räume als Museum eingerichtet (geöffnet Di.–So. 10–18 Uhr, Dez.–Feb. geschlossen). Die Räume werden auch zu Feiern vermietet. Für Hochzeiten gibt es ein Trauzimmer und die Burgkapelle. Das Café und das Burgrestaurant (geöffnet Mi.–So. ab 10 Uhr) laden zu Rittergelagen und Candle-Light-Dinnern ein. Viele Veranstaltungen – vom Ritterturnier bis zum Weihnachtsmarkt – werden auf der Ronneburg gefeiert. Kurse zur Kunst des Bogenschießens oder mittelalterlichen Kochens werden angeboten.

RONNEBURG · 63549 Ronneburg · Tel. 0 60 48/95 0905
mail@burg-ronneburg.de · www.burg-ronneburg.de
www.restaurant-ronneburg.de

Hoch auf der Hohen Straße

Die Hohe Straße war einst eine Verbindungsstraße zwischen Santiago de Compostela und Kiew, auch Via Regia, Königliche Straße, genannt. Wichtig war sie auch als Verbindung der Messestädte Frankfurt und Leipzig. Als Projekt des Regionalparks RheinMain wurde ein Teilstück von Frankfurt-Bergen durch die Wetterau bis Hammersbach als Ausflugsroute und Fahrradweg gestaltet. Diese 27 Kilometer sind mit vielen Kunstwerken geschmückt, mit Sitz- und Liegemöbeln und Aussichtspunkten ausgestattet. Die Anfahrt der Radler kann vom Bahnhof Bad Vilbel oder vom U-Bahnhof Enkheim erfolgen.

Der weiter ausgeschilderte Weg führt über die A45, rechts in den Wald, nach Altwiedermus und hinauf zur Ronneburg, die nach 36 Kilometern vom Entree in Bergen erreicht ist. Von hier führt die Regionalpark-Ysenburg-Route durch den Wald und hinunter zum Bach Gründau, dem Lauf folgend durch Langenselbold, auf dem Kinzigtalradweg am Kinzigsee vorbei und zum Bahnhof Langensel-

Liegestühle an der Hohen Straße

bold, von dem nach 52 Kilometern die Heimfahrt mit der Kinzigtalbahn erfolgt.

Die Tour wird ausführlich beschrieben in: Rad- und Wanderführer Regionalpark RheinMain, Tour 12.

www.regionalpark-rheinmain.de

Wellness und Fitness – Bad Vilbel und Bad Nauheim

Im Südwesten, nahe bei Frankfurt, ist Bad Vilbel das Tor zur goldenen Wetterau. Die Stadt der Quellen ist berühmt ob ihrer Mineral- und Heilquellen, in denen das Wasser sprudelt und zu Trinkkuren einlädt. Wer im Kurpark lustwandelt, sieht einige der Brunnen und Quellentempel sowie das römische Mosaik, das Wassertiere im glitzernden Nass zeigt. Die Burg von Bad Vilbel, die aus dem 12. Jahrhundert stammt, ist eine Wasserburg. Im Sommer dient sie als eindrucksvolle Bühne für die Burgfestspiele.

Nördlich von Bad Vilbel, am Westrand der Wetterau, liegt die Gesundheitsstadt Bad Nauheim. Der Sprudelhof und die Kuranlagen wurden zwischen 1905 und 1912 von den Künstlern der Darmstädter

Der Hassia-Brunnen im Kurpark

Künstlerkolonie geschaffen und sind ein einzigartiges Monument des Jugendstils. Um den Sprudelhof gruppieren sich die Badehäuser. Nauheimer Badespaß gibt es noch in der Therme am Park und im Usa-Wellenbad. In Bad Vilbel und in Bad Nauheim gibt es spezielle Gesundheitsarrangements, um Wellness und Fitness mit Genuss zu erleben.

stadt@bad-vilbel.de
www.bad-vilbel.de
info@bad-nauheim.de
www.bad-nauheim.de

Kloster und Schloss – Arnsburg und Büdingen

Zwischen Münzenberg mit seiner Burg und der Bierstadt Lich liegt im Norden der Wetterau das Kloster Arnsburg. Anstelle einer Burg stiftete im Jahr 1151 Konrad von Arnsburg ein Kloster. Die Kirche, eine Basilika, verfiel nach der Aufhebung des Klosters 1803 und ist heute eine romantische Ruine. Der Bursenbau, der den Laienbrüdern Herberge war, ist heute ein feines Hotel, die Alte Klostermühle Restaurant mit Biergarten. Und damit der Ort ein Paradies für die irdische Liebe ist, gibt es noch die Kapelle des Klosters, Paradies geheißen, in dem sich Paare trauen lassen können.

Eingang zum Schloss Büdingen mit Frosch

Am Ostrand der Wetterau, nicht weit von Gelnhausen entfernt, liegt Büdingen. Zur gleichen Zeit wie die Kaiserpfalz dort wurde hier eine Burg erbaut. Im Lauf der Zeit verwandelte sich die Burg in ein stattliches Schloss. Die Kernburg wird seit 1258 von der Familie der Fürsten zu Ysenburg und Büdingen bewohnt. Teile des Schlosses dienen als Museum, andere als Hotel. In der fürstlichen Schlosskapelle lassen sich Paare trauen, im Schloss wird dann gefeiert. Und die Mädchen, die noch keinen Prinz haben, küssen einen der vielen bunten Frösche, die an den Mauern von Büdingen kleben. Vielleicht klappt die Verwandlung.

ALTE KLOSTERMÜHLE · 35423 Lich-Arnsburg · Tel. 0 64 04/6 96 70 82
info@alte-klostermühle-arnsburg.de
www.alte-klostermühle-arnsburg.de

SCHLOSS BÜDINGEN · Tel. 0 60 42/9 64 70
schloss.buedingen@ysenburg.de · www.schloss-buedingen.de

BAD ORB UND DER SPESSART

❤ ⋯⋯⋯⋯⋯⋯⋯⋯⋯⋯⋯⋯⋯⋯ ❤ ⋯⋯⋯⋯⋯⋯⋯⋯⋯⋯⋯⋯⋯ ❤

Gesundheit und Genuss

Die Highlights: Die Kleinbahn „Emma" und der Wanderweg Spessartbogen, Kurpark und Barfußpfad, Gradierwerk, Indoor-Gradierwerk und Toskana Therme, Kräutergarten und Wildpark, die Skulpturen von Hans Prasch, der Ausflug nach Steinau zum Brüder Grimm-Haus.

Viele Gründe führen nach Bad Orb, der Kurstadt im Kinzigtal und im Spessart. Wer an Herz, Kreislauf, Wirbelsäule, Bewegungsapparat, Nerven-, Atemwegs- oder Stoffwechsel-Erkrankungen leidet, findet hier Linderung und Gesundung. Aber auch wer gesund ist, mal ausspannen oder sich einen schönen Urlaub gönnen will, kommt gern nach Bad Orb.

Die Kurstadt ist schnell über die A66 zu erreichen.

stadt@bad-orb.de · www.bad-orb.info

Die kleine tüchtige „Emma" vor dem Zug der Kleinbahn

„Emma" und die Dampfkleinbahn Bad Orb

Eisenbahnfreunde fahren mit der DB bis Wächtersbach, steigen um in die Dampfkleinbahn und begeben sich auf die sieben Kilometer lange Schmalspurstrecke nach Bad Orb. Oder die Eisenbahnnostalgiker fahren von Bad Orb nach Wächtersbach und zurück. Der Zug wird von der Dampflok „Emma", Baujahr 1923, gezogen. Wenn „Emma" eine Verschnaufpause braucht, kommt eine der Dieselloks von 1954 zum Einsatz. Fahrtage sind die Sonn- und Feiertage von Ostern bis Oktober außer Fronleichnam und Tag der Deutschen Einheit.

www.dampfkleinbahn-orb.com

Der Premiumwanderweg Spessartbogen

Dieser neue Wanderweg zwischen Langenselbold und Schlüchtern schlägt einen 90 Kilometer weiten Bogen durch den Spessart. Die einzelnen Etappen können mit öffentlichen Verkehrsmitteln begonnen oder beendet werden, zum Beispiel an den Bahnhöfen der Kinzigtalbahn Langenselbold, Gelnhausen, Wächtersbach, Bad Soden-

Das Spessartvergnügen: Wiesen und Wälder, Täler und Berge

Salmünster, Steinau an der Straße, Schlüchtern. Die Zubringerwege zum Spessartbogen sind ausgeschildert. Der Weg führt durch Freigericht, Linsengericht, Biebergemünd, Bad Orb im Mittelpunkt, Mernes und Marjoß. Wer unbeschwert wandern will, bucht eine organisierte Wanderung.

www.spessartweg.de

Hotel Orbtal am Spessartwald

Wer Bad Orb bei einem Tagesausflug erlebt hat, stellt fest, dass es in dieser Stadt noch viel mehr zu entdecken und zu genießen gibt. Für einen Aufenthalt empfehlen sich zahlreiche Pensionen und Hotels. Die Autoren dieses Buches haben bei verschiedenen Aufenthalten in Bad Orb auch im Hotel Orbtal, Haberstalstraße 1 im Kurgebiet gewohnt. Das Hotel in einem Park von 8.000 Quadratmetern bietet allen Komfort, hat Terrasse und Liegewiese, Solarium, Sauna, Hallenbad, Wohlfühlstudio, Parkplätze, Fahrradverleih.

post@orbtal.de · www.orbtal.de

Der Kurpark voller Lebensfreude

Vor mehr als 100 Jahren wurde der Kurpark im Stil eines englischen Landschaftsgartens angelegt. Doppelt so alt ist das Gradierwerk im Park, das 1806 errichtet wurde. Es ist das größte Gradierwerk in Hessen – 155 Meter lang, 12 Meter breit, 18 Meter hoch und ein einzigartiges Technikdenkmal. Die Orber Sole rieselt über den Schwarzdornreisig und erzeugt in diesem Freiluft-Inhalatorium ein Klima wie am Meeresstrand. Das Gradierwerk ist von Sonntag nach Frühlingsanfang bis Anfang November in Betrieb und frei zugänglich.

Das Gradierwerk ist ein Inhalatorium

In der Alten Lesehalle ist ein Indoor-Gradierwerk eingerichtet. Auch hier rieselt die Sole über Schwarzdornreisig; zum Gesundheitskonzept gehören Musik und Licht. Die Anlage ist von Di.–Fr. von 10–12 und von 15–19 Uhr geöffnet, Sa. von 14–18 Uhr, So. und Feiert. 11–16 Uhr; Einlass ist jeweils zur vollen Stunde.

In der Konzerthalle mitten im Kurpark gibt es Theater, Opern, Konzerte und Comedy. Im August kommen junge Sängerinnen und Sänger hierher zur Bad Orber Opernakademie.

Der Lehr-Kräutergarten im Park zeigt über 200 verschiedene Kräuter und Heilpflanzen und macht die Besucher mit der Pflanzenheilkunde vertraut.

Der Kurpark ist ein Ort besonderer Feste und Veranstaltungen. Beim Kurparkfest im Juli erleuchten 10.000 bunte Lämpchen den Park, es gibt Livemusik, Ausstellungen, Aktionen. An einem Sonntag Anfang Juni wird das Erdbeerfest gefeiert. Am ersten Wochenende im Juli verwandelt sich ein Teil des Parks in ein Weindorf. Zum Gradierwerkfest am 3. Oktober lockt ein großes Unterhaltungsprogramm; beim Fest präsentieren sich Automobile in der Oldtimershow. Und Ende Dezember wird der märchenhafte Winterzauber veranstaltet.

Am südöstlichen Ende des Kurparks beginnt der Barfußpfad, der mit seinen 4,5 Kilometern der längste Barfußpfad Deutschlands ist. Auf diesem Rundweg gibt es 32 Stationen am Orbbach, zum Beispiel feines Mulchfeld, weiches Sandfeld, Flusskieselfeld, Salinen-Schwebebalken, Rundholz-Palisadenweg, Dschungelweg, federnder Waldboden und eine Bachwanderung. Der Barfußpfad ist von Ostern bis Mitte Oktober geöffnet – von Mo. – Fr. 13 – 18.30 Uhr, Sa. 10 – 18.30 Uhr, So. 9 – 18.30 Uhr.

Barfuß im Park – Carlotta, nicht Jane Fonda

Vom Kurpark die Villbacher Straße entlang oder auf der Willi-Heim-Promenade ist die Kneipp-Anlage und der Wildpark zu erreichen, der an Samstagen, Sonntagen und Feiertagen von 11–17 Uhr geöffnet ist; der Eintritt ist frei. Gleich nebenan lädt Café, Konditorei & Gästehaus Waldfriede ein, berühmt wegen seiner Torten und Kuchen.

Die Toskana Therme – Wasser, Sole, Musik und Licht

Hinter dem Gradierwerk erhebt sich der Kuppelbau der Toskana Therme mit ihren sechs Becken, die eine Wasserfläche von 800 Quadratmetern haben. Alle Solebecken verfügen über Unterwassermusik und farbige Beleuchtung. Zu den vielfältigen Angeboten zählen Whirlpools, ein Saunabereich, Sprudelliegen, Installationen für Aqua-Wellness, das Liquid Sound Becken und vieles mehr, was der Gesundheit und dem Vergnügen dient. Zudem werden in der Toskana Therme Konzerte und andere Veranstaltungen durchgeführt. Geöffnet So.–Do. 10–22 Uhr, Fr. und Sa. bis 24 Uhr, bei Vollmond bis 1 Uhr.

Die Toskana Therme ist ein Ort der Gesundheit und des Vergnügens

Orber Stadtbummel voller Überraschungen

Am Untertor im Norden der Stadt, vor der Fußgängerzone der Altstadt, steht vor der VR-Bank die lebensgroße Bronzeskulptur des Peter von Orb, in der Hand die Flinte, zu seinen Füßen ein Fuchs. Peter ist der einzige Räuber der Welt, dem eine Bank ein Denkmal errichtet hat.

Während des Dreißigjährigen Kriegs trieb Peter sein Unwesen. Zusammen mit seiner Bande räuberte er die Reichen aus und gab den Armen. Lange Zeit konnte dieser Robin Hood des Spessarts seinen Häschern entkommen. Doch eines Tags wurde er gefangen, verurteilt und im Wartturm auf dem Molkenberg eingemauert, um qualvoll den Hungertod zu sterben. Sein Fuchs aber, den er als hilfloses Jungtier aufgenommen hatte, grub sich unter das Fundament des Turms und befreite Peter, der in die Wälder floh und nie mehr gesehen wurde.

Der Schöpfer des Räuberdenkmals ist der Orber Bildhauer Hans Prasch (1925 – 1985), von dem viele Skulpturen in der Stadt zu bestaunen sind.

Denkmal für Peter von Orb, Robin Hood des Spessarts

Der immerwährende Maibaum auf dem Marktplatz.

Das Haus aus dem 17. Jahrhundert ist 1,58 Meter breit

Das Denkmal für den Räuber Peter ist zugleich Endpunkt des Sagen-Rundwegs, der beim Alten Rathaus beginnt, von wo der Wart- und Aussichtsturm auf dem 293 Meter hohen Molkenberg zu sehen ist. Mittelpunkt der Stadt ist der Marktplatz, wo die Kirchgasse abgeht. In der Kirchgasse ist Hessens schmalstes Fachwerkhaus zu bestaunen.

Die Burg mit Museum

Oberhalb der Altstadt ist am Burgring 14 die alte Burg mit dem Heimatmuseum zu besichtigen – von Mo.–Do. 10–12 und 14–16 Uhr, Fr. 14–16 Uhr; von April bis Oktober werden jeden zweiten Sonntag im Monat von 14.30–17 Uhr und mittwochs um 15.30 Uhr Führungen veranstaltet.

Vor dem Museum steht ein Salzsieder-Denkmal, ein weiteres Werk von Hans Prasch.

Steinau an der Straße
Besuch bei den drei Brüdern Grimm

Von Bad Orb sind es gut 20 Kilometer durchs Kinzigtal aufwärts bis Steinau. Hier verbrachten Jacob und Wilhelm, die späteren Märchensammler und Sprachwissenschaftler, sowie Ludwig Emil, der sich zu einem einzigartigen Zeichner und Maler heranbildete, ihre Kindheit. Die Brüder, 1785, 1786 und 1790 in Hanau geboren (siehe Seite 36), wuchsen seit 1791 in Steinau an der Straße zwischen den Messestädten Frankfurt und Leipzig auf, wo ihr Vater als hanauischer Amtmann diente. Diese Straße ist zugleich Teil der Deutschen Märchenstraße, die von Hanau über Steinau und Kassel (siehe Sei-

Das märchenhafte Brüder Grimm-Haus

te 99) bis nach Bremen führt, wohin Esel, Hund, Katz und Hahn als Stadtmusikanten zogen.

Die Familie Grimm bewohnte das Amtshaus aus dem Jahr 1562, das heute als Brüder Grimm-Haus und Museum Steinau dient (geöffnet tägl. 10–17 Uhr). Das Leben und Wirken der Brüder Grimm, auch ihre politischen Aktivitäten und ihre Märchenwelt werden im Haus lebendig. Sonderausstellungen verlocken zu immer neuen Besuchen.

Ein Stadtbummel führt durch die Kinderwelt der Brüder Grimm. Nicht weit vom Grimm-Haus in der Brüder-Grimm-Straße 80 erstreckt sich der Kumpen, der alte Marktplatz, auf dem seit 1985 der

Der Märchenbrunnen auf dem Marktplatz

wunderschöne Märchenbrunnen sprudelt. Um den Platz gruppieren sich das Rathaus von 1561, die Reformierte Schule, in der die jungen Grimms lernten, die Katharinenkirche von 1273, in der Opa Grimm predigte, und das mächtige Schloss, das die Hanauer Grafen von 1528 bis 1555 erbauen ließen. Im Marstallgebäude des Schlosses, außerhalb seiner Mauern, spielen die „Holzköppe", das berühmte Steinauer Marionettentheater.

www.steinau.eu · www.brueder-grimm-haus.de
www.die-holzkoeppe.de

DER VOGELSBERG

Erlebnisregion grüner Vulkan

Die Highlights: Schloss Romrod und das Hochzeitshaus, Schottenring und Lauterbacher Strolch, Vulkanradweg und Vulkan-Express, Hoherodskopf mit vielen Sportmöglichkeiten im Winter und im Sommer, die wunderbare Keltenwelt am Glauberg mit dem Museum und der Erlebniswelt.

Der größte Vulkan Europas war der Vogelsberg, der doppelt so groß wie der Ätna war und heute eine Fläche von 2.500 Quadratkilometern umfasst. Im Naturpark Hoher Vogelsberg bietet die Natur

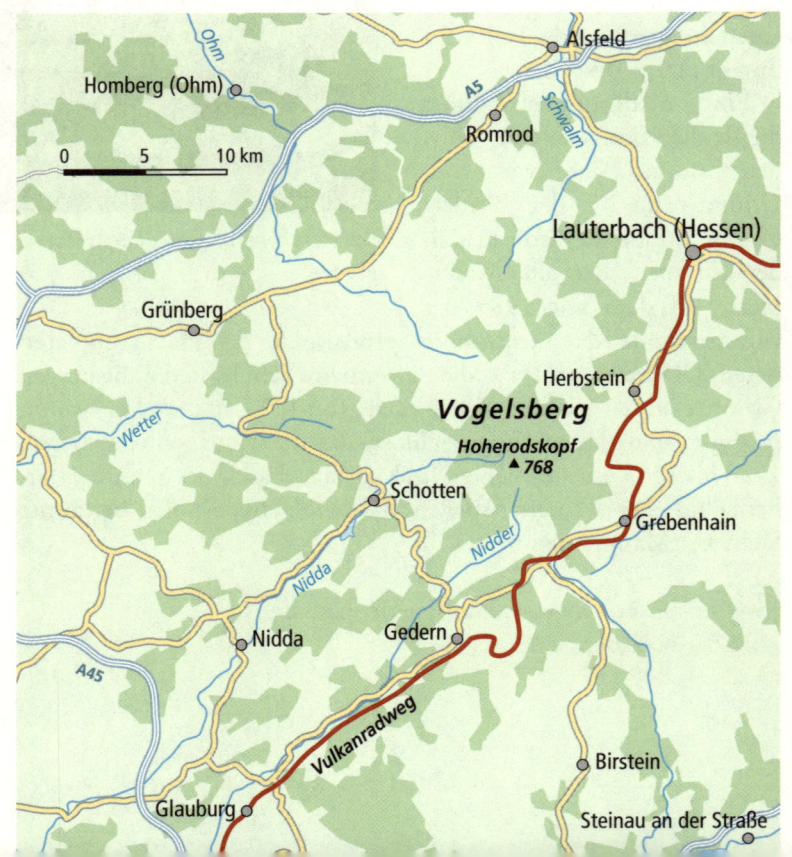

eine Fülle von Erlebnissen, die schmucken Dörfer und Städte sind mit Sehenswürdigkeiten verziert. Feinschmecker sind willkommen und genießen während der Vogelsberger Lammwochen im Frühjahr einen kulinarischen Höhepunkt.

Schloss Romrod – das Hochzeitsschloss

Nur fünf Kilometer von Alsfeld entfernt liegt Romrod, wo im 12. Jahrhundert eine staufische Wasserburg errichtet wurde. Um 1400 übernahmen die Landgrafen von Hessen die Burg, nach der Teilung Hessens ging Romrod an Hessen-Marburg, ab 1604 an Hessen-Darmstadt. Ausgebaut zum Schloss diente Romrod zeitweise als Sommerresidenz der Darmstädter.

Nach einer aufwändigen Renovierung dient das Schloss im idyllischen Schlosspark heute als Hotel. Es gibt eine „Havanabar" mit Panoramablick in den Innenhof und das stilvolle Restaurant „Mathilde". Neben dem Hotel stehen auch Räumlichkeiten für besondere Anlässe zur Verfügung: Arrangements für Genießer, Verliebte und Heiratsanträge. Und wer sich traut, vertraut dem Wedding-Team

Schloss Romrod – vom Landgrafen- zum Hochzeitsschloss

und begibt sich mit der Planung und Durchführung seiner ganz individuellen Hochzeitsfeier nach Romrod. Das romantische Standesamt ist nur 50 Meter entfernt und die alte Schlosskirche befindet sich direkt nebenan. Auch Trauungen unter freiem Himmel sind hier möglich. Von den zahlreichen Radwegen im Vogelsberg liegt Romrod am Weg der „Burgentour".

HÔTEL SCHLOSS ROMROD · Alsfelder Straße 7 · 36329 Romrod
Tel. 0 66 36/9 18 17 00 · info@schloss-romrod.com
www.schloss-romrod.com

Das Hochzeitshaus in Schotten

Schotten nennt sich die Stadt am grünen Vulkan, die vor allem bei Radfahrern sehr beliebt ist: Hier treffen sich die Radwege Hoherodskopf-Steig, Mühlentour und der Niddaweg von Frankfurt her. Vom Motorsport begeisterte Menschen kennen Schotten außerdem wegen des legendären Schottenrings und der Rennen zum Bergpreis

oder des Classic Grand-Prix, veranstaltet vom Motorsportclub Rund um Schotten e. V. (www.schottenring.de).

Mitten in der sehenswerten Altstadt, gegenüber dem Fachwerk-Rathaus von 1512 und in der Nähe der Liebfrauenkirche mit dem Marienaltar von 1385, steht das renovierte Hochzeitshaus, ein schöner Fachwerkbau, der um 1540 auf älterem Fundament errichtet wurde. In diesem Haus wurden einst Hochzeiten und andere Feste gefeiert, und so erhielt es seinen Namen.

Das schmucke Hochzeitshaus

www.schotten.de

HOTEL IM HOCHZEITSHAUS · Marktstraße 8 · 63679 Schotten
Tel. 0 60 44/98 98 90 · info@hochzeitshaus-schotten.de
www.hochzeitshaus-schotten.de

In Lauterbach hab ich mein Strumpf verlorn

Ein Strumpfmachergeselle kam einst nach Lauterbach und fand Aufnahme bei einer Meisterin, die Gefallen an dem Burschen fand. Bald kam der Winter und beide kuschelten sich nachts in ein warmes Bett. Die Meisterin wähnte, das große Liebesglück gefunden zu haben. Doch als der Frühling kam, wurde die Wanderlust des Gesellen geweckt und er packte sein Bündel. Sie packte die Wut, schimpfte ihn einen Strolch und warf seine Habseligkeiten auf die Straße. An der Stadtgrenze erst merkte der Geselle, dass ein Strumpf fehlte.

Denkmal für den Strolch, der Strumpf und Herz verloren hat

Auf seinen Wanderungen traf er einen Liedermacher, und zusammen dichteten und komponierten sie das Lauterbacher Strumpflied, das heute noch gesungen wird. Dessen zweite Strophe beginnt: „In Lauterbach hab ich mein Herz verlorn …"

Zu den vielen Lauterbacher Sehenswürdigkeiten gehört das Strolchdenkmal. Freizeitspaß gibt es im Freizeitzentrum mit Wellenbad, Freibad, Sauna, Kletterwand, Minigolf und anderen Angeboten. Golf und Reiten lassen sich auf Schloss Sickendorf erleben. Mehr Freizeitspaß hat das Touristcenter parat.

info@lauterbach-hessen.de · www.lauterbach-hessen.de

Vulkanradweg und Vulkan-Express

Einst dampfte hier die Eisenbahn

Eine Vielzahl von Radwegen führt durch den Vogelsberg, der Vulkanradweg ist der bekannteste. Er beginnt in Glauburg-Glauberg und führt nach Nordosten. Einige Orte an der Strecke sind Ortenberg, Hirzenhain, Gedern, Hartmannshain, Grebenhain und Herbstein. Der Weg endet nach 65 Kilometern in Lauterbach. Die Tour ist leicht ansteigend (von Glauberg her) oder abfallend (von Lauterbach) und kann in zwei Etappen zum Beispiel bis Hartmannshain erfahren werden. Der Weg ist mit feinem Asphalt belegt und verläuft auf der stillgelegten Trasse der Oberwaldbahn.

Vom 1. Mai, der auf dem Hoherodskopf mit dem großen Vulkanfest gefeiert wird, bis Ende Oktober sind an Sams-, Sonn- und Feiertagen die Busse des Wetterauer und Vogelsberger Vulkan-Expresses unterwegs. Die Busse bringen Wanderer und Radler zu den verschiedenen Ausgangsorten ihrer Touren und fahren die Ausflügler wieder zurück. In Anhängern werden die Fahrräder kostenlos transportiert.

Die Broschüre mit Ausflugstipps und Fahrpläne gibt es bei der VGO Verkehrsgesellschaft Oberhessen mbH in Alsfeld und Friedberg oder im Internet.

info@vogelsberg-touristik.de · www.vogelsberg-touristik.de
www.vgo.de

Freizeitparadies Hoherodskopf

Der höchste Berg des Vogelsbergs ist der Taufstein mit 773 Metern über NN. Die benachbarte Anhöhe des Hoherodskopf ist mit 764 Metern kaum niedriger. Der Hoherodskopf-Steig verbindet Schot-

Der Vogelsberg ist zu jeder Jahreszeit ein Paradies

ten mit Hartmannshain am Vulkanradweg und führt über die An-höhe.

Der Hoherodskopf ist zu allen Jahreszeiten ein Ausflugsziel. Auf verschwiegenen Wanderwegen wird die Einsam- oder Zweisamkeit zum natürlichen Erlebnis. Im Frühling ist das Erwachen der Natur zu erleben, im Sommer geben die Buchenwälder erquickenden Schatten und die Bergluft spendet kühle Brisen. Der Herbst verzaubert die Menschen mit seinen bunten Farben. Und im Winter ist das Gebiet ein Wintersportparadies.

Auf dem Hoherodskopf gibt es außer den Wanderwegen tolle Mountainbike-Strecken, einen Kletterwald, eine Sommerrodelbahn und einen großen Kinderspielplatz. Im Winter warten gespurte Loipen auf die Ausflügler, die längste Rodelbahn Hessens, Skilifte und eine fantastische Schneelandschaft.

hoherodskopf@tourist-schotten.de · www.hoherodskopf-info.de

Die Kelten am Glauberg

Der Glauberg ist ein Ausläufer des Vogelsbergs am östlichen Rand der Wetterau. 271 Meter hoch, erstreckt sich das Plateau auf 800

Das Museum im Archäologischen Park

mal 200 Metern. Seit 5000 v. Chr. siedelten hier Menschen. Ein Teich auf dem Plateau sicherte die Wasserversorgung. Vor etwa 2.500 Jahren war der Berg Sitz eines keltischen Fürsten. Im Mittelalter siedelten hier Alemannen, Franken und Frankfurter Patrizier, deren staufische Turmburg im 13. Jahrhundert zerstört wurde. Damit endete die Besiedlung des Bergs. Das Plateau mit den Fragmenten der Bauwerke ist frei zugänglich.

Seit 1994 wurden auf dem Glauberg sensationelle Funde getätigt. Reich ausgestattete Gräber wurden geöffnet, Teile von drei Statuen und die lebensgroße Skulptur eines Keltenfürsten gefunden. Der Grabhügel und eine so genannte Prozessionsstraße sind zu besichtigen.

Die archäologischen Funde, Informationen und Inszenierungen sind in einem einzigartigen Museum zu erleben (geöffnet Di. – So. 10 – 18 Uhr).

KELTENWELT AM GLAUBERG · Museum und Archäologischer Park
Am Glauberg 1 · 63695 Glauburg · Tel. 0 60 41/82 33 00
anfragen@keltenwelt-glauberg.de · www.keltenwelt-glauberg.de

FULDA UND DIE RHÖN

Kultur und grenzenlose Natur

Die Highlights: Dom und Schloss Fasanerie in Fulda, Schäfer-stündchen im Schäferwagen, Wasserkuppe mit Segelflug und Winstersport, Rhönradweg und Milseburgradweg, Reiten und Ru-dern, der Liebesweg in Poppenhausen.

Fulda war einst ein geistliches Zentrum in Deutschland und der Lieblingsort von Bonifatius, des Apostels der Deutschen, der im Dom begraben liegt. Fulda liegt am gleichnamigen Fluss, der auf der Wasserkuppe entspringt. Die Rhön rühmt sich, das Land der offe-nen Fernen zu sein. Das Gebirge erhebt sich in Hessen, Thüringen und Bayern, deren Grenzen nicht mehr wahrzunehmen sind. Und dass die Rhön eine Landschaft der Erlebnisse und Liebe ist, zeigt sich in diesem Buch.

Der romantische Goldene Karpfen

Der „Goldene Karpfen" im altehrwürdigen Fulda

Der Dom, in dessen Krypta der heilige Bonifatius begraben liegt, ist das Ziel der 180 Kilometer langen Bonifatius-Route, die in Mainz beginnt und in Etappen ergangen wird. Der Dom ist Hessens bedeutendste Barockkirche und wurde ab 1704 errichtet. Eine Besichtigung des Doms ist täglich außerhalb der Gottesdienste und Orgelmatineen möglich.

Zu den Sehenswürdigkeiten von Fulda zählt auch die südlich in Eichenzell gelegene Sommerresidenz der Fuldaer Fürstbischöfe, das Schloss Fasanerie. Heute ein Museum, kann es von April bis Anfang Nov. von Di.–So. von 10–17 Uhr bei Führungen besichtigt werden.

In der sehenswerten Altstadt von Fulda ist das Romantik-Hotel „Goldener Karpfen" Ausgangsort für Ausflüge in die Stadt und in die Rhön. Das Hotel-Restaurant erfreut jeden Gast mit seiner ausgezeichneten regionalen Spezialitätenküche (tägl. von 11–23 Uhr). Die Familie Tünsmeyer bietet in modernen Design- oder anheimelnden Romantikzimmern einen unvergesslichen Aufenthalt. Auch attraktive Arrangements wie der „Kultursonntag" oder „Musical-Sommer" mit Übernachtung und Verwöhnmenü gehören zum Angebot des „Goldenen Karpfen".

tourismus@fulda.de · www.tourismus-fulda.de

GOLDENER KARPFEN · Romantik-Hotel und Restaurant
Simpliziusbrunnen 1 · 36037 Fulda · Tel. 06 61/8 68 00
info@hotel-goldener-karpfen.de · www.hotel-goldener-karpfen.de

Schäferstündchen im Schäferwagen

Östlich der Wasserkuppe liegt Ehrenberg mit dem Ortsteil Seiferts, in dem „krenzers rhön" mit vielerlei Attraktionen aufwartet. Da ist

Der neue rote Schäferwagen

die Krone, das erste und einzige Rhönschaf-Hotel, in dem die Apfel-, Rhönschaf- oder KuschelSchaf-Zimmer zu lustvollen Nächten einladen. Wellness heißt hier WollNess, die sich bei einem Saunabesuch in einem der Schäferwagen einstellt. Krenzer hat mehrere Schäferwagen, in denen Übernachtungen zum „schafen" Vergnügen geraten. Der rote Wagen ist mit französischem Bett und mit Holzofen ausgestattet. Die Wagen stehen malerisch auf einer Streuobstwiese verteilt.

Zum Rhönerlebnis bei Familie Krenzer gehört auch die Gastronomie (geöffnet tägl. ab 12 Uhr) mit köstlichen Lammgerichten. Dazu kommen Apfelwein und ApfelSherry aus der eigenen Kelterei auf den Tisch. Die Krone ist natürlich auch ein Platz zum Feiern und Ausgangsort für Wanderungen und Radtouren.

KRENZERS RHÖN · Eisenacher Straße 24 · 36115 Ehrenberg-Seiferts
Tel. 0 66 83/9 63 40 · krone@rhoenerlebnis.de
www.rhoenerlebnis.de · www.apfelsherry.de

Die Wasserkuppe – der große Erlebnisberg
Mit 950 Metern Höhe über NN ist die Wasserkuppe der höchste Berg der Rhön und die höchste hessische Erhebung. Eine Straße von

Gersfeld her und viele Wanderwege führen hinauf. In der Nähe des Rhön-Info-Zentrums sind Parkplätze. Oben auf dem Gipfel erhebt sich eine große Kuppel, die einst nahe der deutsch-deutschen Grenze als Radom die Radargeräte im Innern schützte. Heute finden hier Veranstaltungen statt und Trauungen werden in dieser Außenstelle des Standesamts Gersfeld gefeiert. Ehen werden zwar nicht im Himmel geschlossen, aber hier ziemlich nahe dran.

Dem Himmel nahe sind auch die Flieger. Auf der Wasserkuppe gibt es einen Flugplatz für Segel- und Motorflugzeuge, Drachen- und Gleitschirmflieger. Flugschulen lehren die Kunst des Fliegens. Ohne Anstrengung lassen sich Rundflüge genießen. Und weil die Wasserkuppe als „Wiege des modernen Segelflugs" gilt, ist hier das Deutsche Segelflugmuseum zu besichtigen.

Nicht himmelwärts sondern rasant abwärts geht es mit der Sommerrodelbahn und dem Rhönbob. Am Fuß der Wasserkuppe lädt der Guckaisee zwischen Pferdskopf und Eubeberg zum Baden und Sonnen ein. Nicht nur im Sommer, auch im Winter ist die Wasserkuppe ein herausragender Berg, dann wird Wintersport groß geschrieben. Ski- und Rodelbedingungen sind hier meist gut bis sehr gut, Auskunft gibt das Schnee-Telefon 0 66 54/12 11 und 0 97 72/212.

Für Wintersportler aller Art ist hier über mehrere Monate viel geboten: Skilifte bringen die Abfahrtsläufer und Snowboarder nach

Schneeparadies Wasserkuppe

oben, Langläufer benutzen voller Freude die gespurten Loipen, und Snowkiter steigen im freien Bereich des Flugplatzes gen Himmel. Auch die Winterwanderer und die, die mit Schneeschuhen auf Tour gehen, genießen das Schneeparadies Wasserkuppe.

Sommers wie winters sorgen Hotels, Ferienwohnungen und Ferienhäuser in der Rhön für angenehmen Aufenthalt in einer berückenden Landschaft, deren Höhepunkt die Wasserkuppe ist.

tourismus@rhoen.de · www.rhoen.de · www.wasserkuppe-rhoen.de

Milseburgradweg und Rhönradweg

Auf der ehemaligen Trasse der Rhönbahn zwischen Petersberg-Götzenhof über Hofbieber nach Hilders erstreckt sich der 27 Kilometer lange asphaltierte Milseburgradweg, zugleich Teil des Hessischen Fernradwegs R3. Die Strecke ist gesäumt mit Sehenswürdigkeiten und Freizeitangeboten. So empfiehlt es sich, in mehreren Etappen die Strecke zu erfahren; viele Gasthöfe und Hotels unterwegs bieten Unterkunft.

Der Weg ist nach Milseburg benannt, einem 835 Meter hohen Berg östlich von Fulda, auf dem keltische Ringwälle und Reste einer kleinen Burg zu finden sind. Einst lebte hier laut Legende der Riese Mils, der mit seinem Kumpel, dem Teufel, Unfug trieb. Der heilige

Mit dem Fahrrad die Rhön erleben

Gangolf besiegte den Riesen, der darauf aus Scham Selbstmord beging. Der Teufel bedeckte die Leiche mit Steinen, und so entstand der Berg.

Für die Eisenbahn wurde 1889 ein 1.127 Meter langer Tunnel gebaut, der nun vom 15. April bis zum 31. Oktober für die Radfahrer geöffnet ist. Eine vier Kilometer lange Umfahrungsstrecke ist vorhanden.

Der Rhönradweg führt von Bad Salzungen über Hilders nach Hammelburg. Die 180 Kilometer lange Strecke führt auch durch ein Biosphärenreservat.

Der RhönRadBus, Linie 90, fährt vom 1. Mai bis 3. Oktober ab Fulda und Gersfeld über die Wasserkuppe. In einem Anhänger können Fahrräder transportiert werden. Der Fahrplan und das Liniennetz sind im Internet zu finden.

info@milseburg-radweg.de · www.milseburgradweg.de · www.rhoen.de

Mit Bike, Pferd und Kanu unterwegs

Der Hochrhönring ist die Rhöner Route 66. Der 42 Kilometer lange Rundkurs für Motorradfahrerinnen und Motorradfahrer und für Partner im Beiwagen beginnt in Poppenhausen (Wasserkuppe). Das Malerdorf Kleinsassen ist die nächste Station, die Fahrt führt weiter nach Rupsroth, Dietges, Abtsroda, die Wasserkuppe hinauf, nach Obernhausen hinunter; über Gersfeld wird wieder Poppenhausen mit dem Guckaisee erreicht. Unterwegs ergeben sich fantastische Aussichten in die grenzenlose Ferne.

Für Reiter ist die Rhön ein Paradies. Ob mit eigenem Pferd oder einem Leihpferd, ob braves Wanderreiten oder Westernreiten wie die Cowboys – alles ist möglich. Die verschiedenen Reiterhöfe stellen sich im Internet vor.

Auf der Wasserkuppe sprudeln manche Quellen. Auch die Fulda entspringt hier. Ab Fulda ist der Fluss ein ideales Revier für Kanutouren. Wer es braucht, erhält eine Einweisung in die Fluss- und Paddeltechnik oder nimmt einen Guide mit auf die Tour.

Reiter bei Bernshausen

www.rhoen.de · www.wiesenkoehler.de
www.ride-west.de · www.stockborn-ranch.de
www.reitundferienpark.de · www.rhoenranch.de
www.kanu-club-fulda.de · www.kanutours-fulda.de

Der Poppenhausener Liebesweg

Im Luftkurort Poppenhausen an der Wasserkuppe wandeln Verliebte auf dem Liebesweg, der 2,5 Kilometer lang ist. Der Weg beginnt außerhalb von Poppenhausen in Richtung des Ortsteils Gackenhof, wo ein großer Herzbogen (Seite 2) durchschritten wird. Auf einer Tafel ist in 100 Sprachen einschließlich der Gebärdensprache zu lesen: „Ich liebe dich".

Für Unterhaltung auf dem Weg sorgen vielfältige Liebeszitate, die auf Tafeln zu lesen sind.

Die nächste Station auf dem Weg ist eine anatomisch geformte Liegebank. Ein Stück weiter lässt es sich auf der Herzbank gut ruhen, und niemand verbietet das Küssen und Kosen. Die nächste Sta-

Das Kleeblatt auf dem Liebesweg

tion ist eine Doppelschaukel, auf der sich die Paare mit Glücksge-
fühlen in die Höhe schwingen. Am Glückskleeblatt kann ein
Erinnerungsfoto gemacht werden. Die nächste Station heißt
„Schlossherz". Hier können Liebende ein Schloss anschließen und
den Schlüssel auf ein Nimmerwiedersehn in eine Bodenhülse fallen
lassen. In der Tourist-Information gibt es Schlösser, in die Namen
eingraviert werden. Am Ende des Wegs, wo ein Hochzeitspavillon
als Außenstelle des Standesamts errichtet ist, bietet eine Bank Gelegenheit, die Ansicht des Orts und das Panorama der Kuppen-Rhön
und natürlich die Liebe zu genießen.

tourismus@poppenhausen-wasserkuppe.de
www.poppenhausen-wasserkuppe.de

BAD HERSFELD UND WALDHESSEN

Wellness inmitten von Natur und Kultur

Die Highlights: Die Stiftsruine und die Festspiele, Thermalis und Kurbad Therme, Erlebnis-Museum „wortreich", Goebel's Prinz von Hessen, Rotenburg an der Fulda, Bebra mit den Breitenbacher Seen.

Der Landkreis Hersfeld-Rotenburg, nördlich vom Landkreis Fulda und dem Vogelsbergkreis, umfasst ungefähr das Gebiet, das Waldhessen genannt wird. Die Fulda und andere Gewässer durchfließen die Täler der waldreichen Landschaft. Aus dem reichen Angebot für Wellness und Gesundheit, Natur und Kultur, Ruhe und Bewegung ist auf den folgenden Seiten eine kleine Auswahl präsentiert, um die Zeit zu zweit zu einer unvergesslichen Abfolge schöner Erlebnisse zu gestalten.

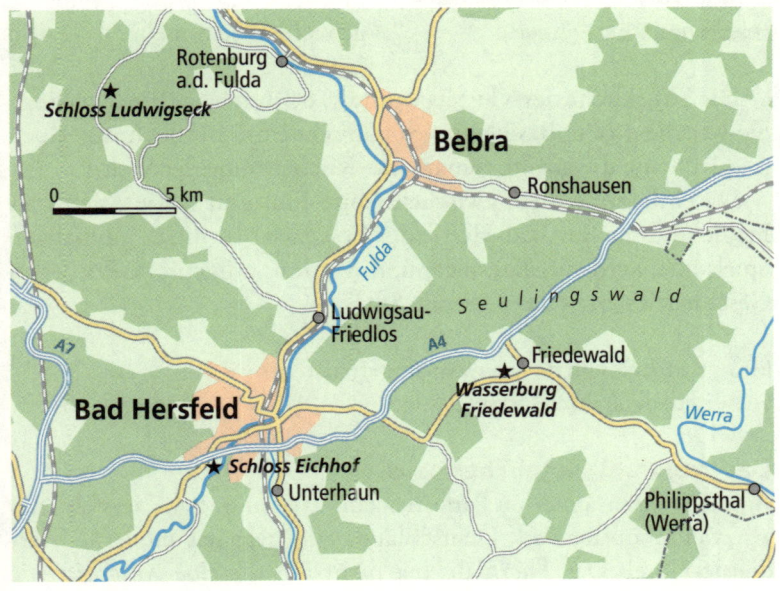

Bad Hersfeld – Stadt für alle Sinne

Haupteingang der Stiftsruine

Im reizvollen mittleren Fuldatal liegt Bad Hersfeld, berühmt ob ihrer Kurbad-Therme und der Stiftsruine. Mitten in den damals unwegsamen Wäldern gründete der angelsächsische Mönch Lullus, ein Gehilfe des Bonifatius, dann dessen Nachfolger als Bischof von Mainz und erster Erzbischof von Mainz, im Jahr 769 in Hirschfeld ein Kloster, in dem Lullus am 16. Oktober 786 starb. Dieser Tag ist sein Gedenktag und Mitte Oktober wird in Bad Hersfeld das große Lullusfest gefeiert – seit mehr als 1.150 Jahren.

Die Stiftskirche des Klosters wurde 1761 durch ein Feuer zerstört. Sie war die größte Basilika im romanischen Stil nördlich der Alpen und ist heute die größte romanische Kirchenruine der Welt.

Die Stiftsruine dient zwischen Mitte Juni und Mitte August als Freilichtbühne der Bad Hersfelder Festspiele. In dieser einmaligen Spielstätte werden Schauspiele und Musicals aufgeführt. Für jeden Geschmack gibt es das passende Stück.

info@bad-hersfeld.de · www.badhersfeld-tourismus.de
www.bad-hersfelder-festspiele.de

Das Wohlfühl-Hotel Thermalis

Inmitten des prämierten Parks der Jahreszeiten in Bad Hersfeld, der als zweitschönster Park Deutschlands gilt, liegt das moderne Vier-Sterne-Hotel. Das Thermalis hat nicht nur dieselbe Anschrift wie

Das Hotel Thermalis im Park der Jahreszeiten

die Kurbad-Therme, es hat auch einen direkten Zugang dazu. Und exklusiv für die Gäste des Hotels gibt es das kostenfreie Frühschwimmen in der Therme von 7 bis 9.30 Uhr.

Das Thermalis ist ein Wellnesshotel und bietet verschiedene Verwöhn-Arrangements an. Zum Beispiel „Atempause", bei dem die Wellness-Anwendungen individuell dazugebucht werden, oder das Arrangement „Fitmacher" oder „Beziehungsweise", das Wellness zu zweit bietet. Für Theaterfreunde gibt es im Sommer das „Festspiel"-Arrangement einschließlich Eintrittskarten für die berühmten Bad Hersfelder Festspiele.

Für das leibliche Wohlfühlen wird im Restaurant „Rossa" und in der Bar/Lounge gesorgt. Ein Highlight im Sommer ist die Sonnenterrasse mitten im Kurpark.

HOTEL THERMALIS · Am Kurpark 10 · 36251 Bad Hersfeld
Tel. 0 66 21/79 64 90 · info@hotelthermalis.de
www.hotelthermalis.de

Wellness & Beauty in Bad Hersfeld

In der Kurbad-Therme, einer Oase zum Entspannen, Genießen und Wohlfühlen, erwartet den Wellness-Gast nicht nur eine Badelandschaft mit Gegenstromanlage, Sprudelliegen, Massagedüsen und Wassergrotte, sondern auch ein wunderbares Saunaparadies. Die orientalischen Anwendungen wie Rasul und Hamam sind Vorbereitungen für 1.001 und noch mehr lustvolle Momente. Massagen verschiedener Arten werden hier verabreicht. Das Beauty-Studio sorgt für die Schönheit und bedient sich der vielfältigen Wirkstoffe des Meeres.

Ob Tagesaufenthalt oder Urlaub – die Kurbad-Therme bietet eine Vielzahl von Pauschalangeboten für Wellness & Beauty. Die Therme ist geöffnet Mo.–Mi.14–22 Uhr, Do.–Sa. 10–22 Uhr, So. und Feiert. 10–20 Uhr; Damensauna ist Do. 10–14 Uhr.

KURBAD-THERME · Am Kurpark 10 · 36251 Bad Hersfeld
Tel. 0 66 21/7 95 09 10 · info@kurbad-therme.de
www.kurbad-therme.de

Ein Ort für Wellness & Beauty – die Kurbad-Therme

Das Erlebnis-Museum „wortreich"

Hier dreht sich alles um Sprache und Kommunikation. Gemeinsam Spaß haben im Erlebnis-Museum „wortreich" in Bad Hersfeld am Benno-Schilde-Platz steht im Mittelpunkt (geöffnet Mo.–Fr. 9–17 Uhr, Sa., So., Feiert. 11–18 Uhr). An rund 90 Mitmach-Stationen kann nicht nur gehört, gesehen und ausprobiert werden: „wortreich"-Gäste können mit den Augen schreiben, mit Worten Basketball spielen, Romeo und Julia werden, ein virtuelles Graffiti sprühen und ausprobieren, wer besser entspannen kann. Verliebte können gemeinsam entdecken oder gegeneinander spielen – spannende Stunden zu zweit sind im „wortreich" garantiert.

Romeo und Julia
„wortreich" mit Happy End

www.wortreich-badhersfeld.de

Radwandern in Waldhessen

Die Kur- und Festspielstadt Bad Hersfeld hat für ihre Gäste einige Radtouren rund um Bad Hersfeld ausgearbeitet, auf denen sich die landschaftlichen Schönheiten der Natur und die Sehenswürdigkeiten aus Geschichte und Gegenwart erleben lassen. Vielfältig sind die Möglichkeiten, unterwegs zu rasten oder einzukehren.

www.badhersfeld-tourismus.de

Zu Gast beim Prinz von Hessen

Das Schlosshotel mit der Wasserburg

Etwa zwölf Kilometer östlich von Bad Hersfeld liegt Friedewald. Das Schlosshotel ist eine Melange aus historischer Bausubstanz und modernen innenarchitektonischen Aperçus. Reminiszenzen an eine Zeit, als noch Landgrafen hinter wuchtigen Mauern der Wasserburg das Leben genossen, werden lebendig.

Heute werden Gäste in der „First Class Destination" verwöhnt und genießen Wellness-Deluxe mit einer großen Wellness- und Spa-Landschaft mit Schwimmbad, Saunen, Ruheraum, Fitnesscenter und Sonnenterrasse.

Das Team umsorgt die Gäste mit Bädern, Massagen, Gesichts- und Körperbehandlungen sowie exotischen Anwendungen. Arrangements verführen zum Aufenthalt: Genießer-, Romantik- oder Schokoladen-Wochenende, Golf Time, Beauty und Wellness, Kuscheltage.

Das Hotel mit der historischen Wasserburg ist ein Ort für wunderschöne Hochzeiten, ein eigenes Standesamt ist auch vorhanden. Von der Dekoration über das festliche Menü, von der Hochzeitstorte bis zur süßen Hochzeitsnacht kann alles arrangiert werden. Hier ist für jeden etwas dabei.

GÖBEL'S SCHLOSSHOTEL · „Prinz von Hessen"
Schlossplatz 1 · 36289 Friedewald · Tel. 0 66 74/9 22 40
info@goebels-schlosshotel.de · www.goebels-schlosshotel.de

Bebra – ein Paradies für Eisenbahnfreunde und Sportler

Bebra war einst ein bedeutender Eisenbahnknotenpunkt. Daran erinnert der Wasserturm für die Dampflokomotiven. Rund um den

Ein kleiner Teil der großen Breitenbacher Seen

historischen Turm, der als Eisenbahnmuseum dient, erstreckt sich das Gelände, auf dem die schmalspurigen Museumseisenbahnen zu den Öffnungszeiten verkehren (Apr. – Sept. jeden ersten So. im Monat).

Die Breitenbacher Seen beim Stadtteil Breitenbach, etwa einen Kilometer von der Kernstadt entfernt, sind mit einer Wasserfläche von 17 Hektar die größte Seenfläche in Waldhessen.

Ein Wegenetz dient Wanderern, Läufern, Radlern und Skatern. Wer auf den Seen segeln oder surfen will, tut dies in Absprache mit dem Segelclub Bebra e. V. Schwimmer und Planscher tummeln sich im Wasser. Eine Flotte von Tretbooten wartet auf die Strampler.

In den Breitenbacher Seen und in der Fulda wimmelt es von Fischen. Angler wenden sich an den Sportangler-Verein Bebra wegen der Angelerlaubnis. Wer länger die Seen genießen will, reist mit dem Wohnmobil an, Stellplätze gibt es am Wasser.

seb@bebra.de · www.bebra-stadt.de

Fachwerkidylle Rotenburg an der Fulda

Die Nachbarstadt Bebras ist Rotenburg an der Fulda, benannt nach einer Burg der Landgrafen von Thüringen.

Die Stadt liegt reizvoll in dem engsten Talabschnitt der Fulda, die bewaldeten Berghänge reichen bis an die Stadt heran. Bei einem Bummel durch das Landgrafenstädtchen sind die historischen Gebäude wie das Schloss mit der Parkanlage, Rathaus, Jakobikirche, Hexenturm und Bürgerturm sowie die gepflegten farbenprächtigen Fachwerkhäuser zu bestaunen. Hübsch anzusehen sind die zahlreichen Bronzefiguren. Die elf Figuren sind im Stadtgebiet verteilt und stellen Liebenswertes aus dem Alltag dar. Für die künstlerische Umsetzung sorgte Prof. Ewald Rumpf. Halten Sie während eines Stadtbummels Ausschau nach „Familienidylle" oder nach dem „Tratsch der Marktweiber".

Eine interessante Führung durch das Wasserkraftwerk der Familie Haag (Hinter der Mühle 4, Anmeldung unter Telefon 0 66 23/74 55 oder bei der Tourist-Info) findet jeden Dienstag um 18.30 Uhr statt. Dabei erfahren die Besucher viel über Wasserkraft in Deutschland, besichtigen das Werk mit seinen Turbinen, die Fischtreppe und die Rechenreinigungsanlage.

Zahlreiche Wanderwege führen hin zum höchsten Punkt des Kreises Rotenburg. Ein angenehmer Wanderweg beginnt am Parkplatz des Herz- und Kreislaufzentrums. Von hier führt der markierte, 6,5 Kilometer lange Weg bis zur Alheimer Hütte, einem Gasthaus, das hier schon seit über 100 Jahren Gäste bewirtet (geöffnet Sa. 12 – 20 Uhr, So. und Feiert. 10 – 18 Uhr, von Mai – Okt. auch Fr. ab 14 Uhr). Nach einer Stärkung geht es noch weiter 1,5 Kilometer bergauf bis zum Alheimer Turm. Wer die schöne Aussicht genießen will, muss 111 Stufen bis zur Aussichtsplattform überwinden.

tourist-info@rotenburg.de · www.rotenburg.de

ALHEIMER HÜTTE · Baumbacher Str. 8 · 36211 Alheim-Hergershausen
Tel. 0 15 77/5 44 59 09 · info@alheimer-huette.de
www.alheimer-huette.rofinfo.de

ESCHWEGE UND HOHER MEISSNER

Im Werratal und im Reich der Frau Holle

Die Highlights: Die Werra und der Hohe Meißner, Frau Holle und der Dietemann, Schloss Wolfsbrunnen und der Werratalsee, Bergwildpark und Mohnblüte, Bad Sooden-Allendorf, Flusswandern, Radwandern, Premium-Wanderwege.

Der Werra-Meißner-Kreis mit der Kreisstadt Eschwege ist ungefähr das Gebiet, das als Erlebnislandschaft auf den folgenden Seiten mit einigen touristischen Höhepunkten vorgestellt wird. Zu ihnen zählt auch der Hohe Meißner, der „König der nordhessischen Gebirge". Naturfreunde freuen sich über die vielen Wege durch die Natur – zu Fuß, mit dem Fahrrad, per Kanu oder mit der Kutsche. Die Dörfer und Städte in dieser Region warten mit ihren Sehenswürdigkeiten auf.

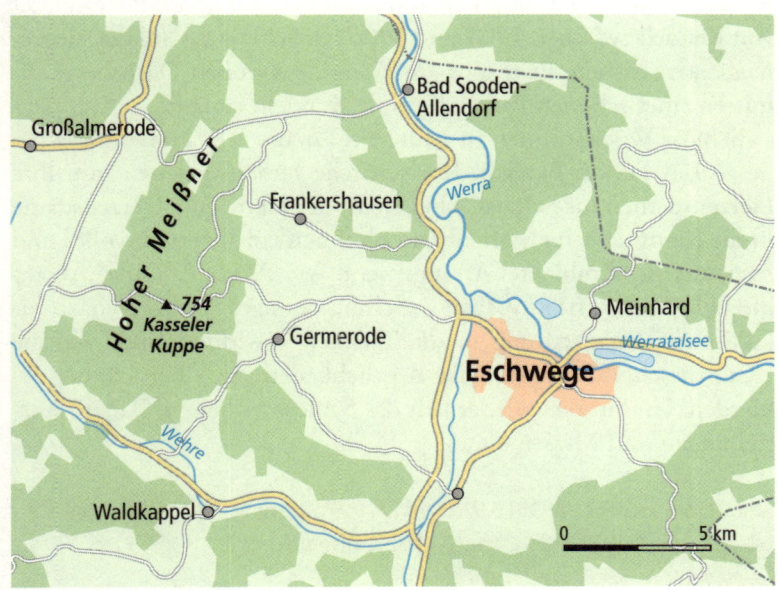

Im Park von Schloss Wolfsbrunnen

Romantische Momente in Schloss Wolfsbrunnen

Über Werra und Werratalsee, fünf Kilometer von Eschwege entfernt, ließ sich der Königliche Kammerherr und Landrat Alexander von Keudell zwischen 1904 und 1906 ein Schloss im Stil der Neorenaissance erbauen. Es thront am Hang des Großen Dachsbergs inmitten eines schönen Parks, der zum Wandeln einlädt.

Schloss Wolfsbrunnen ist heute ein Luxury VIP Hotel mit Wellness- und Fitness-Bereich. Romantische Herren geleiten nun ihre Herzensdamen ins Schloss. Und wenn der Herr seine Herzensdame in die Kammer bringt, offenbart sich ihnen ein anspruchsvolles und romantisches Ambiente. Arrangements wie „Wine & Dine", „Candle light" oder „Beauty Tage", „Schnuppertage" und die vielen lukullischen Veranstaltungen, die Themen gewidmet sind, wie die „Kulinarische Weltreise", die Köstlichkeiten einzelner Länder erkunden. Und immer wieder lädt das Schloss zu Feiern, Bällen, Ausstellungen und Messen ein.

SCHLOSS HOTEL WOLFSBRUNNEN · Am Berg 1 · 37276 Meinhard
Tel. 0 56 51/33 57 90 · info@wolfsbrunnen.de
www.schlosshotel-wolfsbrunnen.de

Eschwege im Erlebnisland Werra-Ems

Die Kreisstadt Eschwege weist mehr als 1.000 schmucke Fachwerk-häuser auf. Zu den Sehenswürdigkeiten gehört der romantische So-phiengarten im Herzen der Altstadt, am Südhang des Schulbergs direkt neben dem Stadtmuseum. Die 1.000 Jahre alte Anlage wird rekultiviert und neu gestaltet. Fünf Ebenen werden durch Treppen, Steingärten und Rosenbögen verbunden. Zu jeder Jahreszeit zeigt der Garten seine zauberhaften wechselnden Ansichten. Verliebte lustwandeln gern auf den Pfaden des Sophiengartens.

Die Stadt ist mit Türmen geschmückt. Am Rathaus entzückt das reizende Glockenspiel. Und auf dem Eschweger Landgrafenschloss haust der Dietemann im Pavillon, einem Türmchen auf dem Schloss. Er ist die Verkörperung des typischen Eschweger Einwohners. Als Teil einer Kunstuhr bläst er zu jeder Stunde in sein Horn.

Die Tourist-Information bietet Stadt- und Erlebnisführungen an. Besonders beliebt ist die Altstadtführung „Fachwerk, Türme und der Dietemann".

tourist-info@werratal-tourismus.de · www.werratal-tourismus.de
www.sophiengarten-eschwege.de

Alle Jahre wieder blüht der Mohn

Von etwa Ende Juni bis zum Ende der Blütezeit im Juli erstrahlen die Mohnfelder bei Germerode in ihrem zauberhaften Violett. Es ist nicht der rote Klatschmohn, sondern der Schlafmohn, eine Pflanze, die schon vor 8.000 Jahren als Nutzpflanze angebaut wurde – auch zur Opiumgewinnung.

Keine Angst: der Mohn von Germerode ist opiumfrei, aber die Farben der Mohnfelder sind berückend. Ein etwa drei Kilometer langer Mohnwanderweg führt durch die Felder. Er beginnt am Mohnparkplatz in Germerode (Neuer Weg 10) und kommt auch zum Mohnfeld-Café (geöffnet während der Blütezeit Mo.–Fr. 11–17 Uhr, Sa., So. 10–17 Uhr), in dem köstliche Mohnspezialitä-ten aufgetischt werden. Ein Planwagen-Pendelverkehr verbindet das Café mit dem Mohnparkplatz am Sportplatz Germerode. Auch auf geführten Wanderungen lässt sich die bunte Zeit der Mohnblüte erleben.

Bitte vergessen Sie nicht die Kamera. Zum einen, um die Liebste/ den Liebsten inmitten der Blüten festzuhalten. Zum andern prämiert der Mohnblüten-Fotowettbewerb die schönsten Mohnfotos (Einsendeschluss ist der 31. August per Mail, nur ein Foto pro Teilnehmer). Das allerschönste Foto wird mit einem mehrgängigen Mohnmenü im Landhotel und Restaurant Meißnerhof in Germerode belohnt. Wer nicht gewinnt oder nicht fotografiert, kehrt hier ein und genießt die wunderbaren Mohngerichte. Die Bäckereien im Ort und in der Region bieten verschiedenes, aber immer sehr schmackhaftes Mohngebäck an. Auch am Parkplatz wird es während der Blütezeit ein Mohnlädchen geben. Und wer in Germerode Mohn einkauft, kann auch zu Hause darin schwelgen.

info@naturparkmeissner.de · www.naturparkmeissner.de
www.mohnbluete-meissner.de · www.meissnerhof.de

Der prachtvolle Mohn von Germerode

Die große Statue der Frau Holle

Hoher Meißner – Heimat der Frau Holle

Mit seinen 754 Metern über NN ist der Hohe Meißner der höchste Berg Nordhessens. Die blumenreichen Bergwiesen und artenreichen Wälder des Berggebiets gehören zum 931 Hektar großen Naturschutzgebiet Meißner und Meißnervorland.

Die Kalbe, 720 Meter hoch, ist ein beliebter Aussichtspunkt am Ostrand des Hohen Meißner. Am Fuß der Kalbe liegt der Frau-Holle-Teich. Hier steht eine über drei Meter hohe Ulmenholzskulptur der schönen Frau Holle, die vom Künstler Viktor Donhauser und seinem Sohn Ilja geschaffen wurde. Frau Holle, Muttergottheit, die Naturgewalten beherrscht, und Spenderin des entstehenden Lebens, bekannt durch das Grimm-Märchen, ist hier nicht das Hausmütterchen, das beim Aufschütteln der Betten es schneien lässt. Sie gleicht einer urtümlichen Liebesgöttin. Der Frau-Holle-Teich, ein mystisch-positiver Kraftort, ist ein besonders stimmungsvoller romantischer Platz für Paare.

Am Fuß des Hohen Meißner, in der Nähe von Germerode, erstreckt sich der Bergwildpark Meißner (geöffnet April bis Oktober tägl. 10 – 18 Uhr, November bis März Sa., So. 10 – 17 Uhr). Fast alle Arten der heimischen Wildtiere leben hier. Das Waldwichtelhaus ist ein Museum, die Wildparkstube ein kleines Gasthaus.

info@naturparkmeissner.de · www.naturparkmeissner.de
www.tierpark.naturpark-mkw.de · www.naturpark-mkw.de/frau-holle

Wasserparadies Werratalsee

Der Werratalsee liegt eingebettet zwischen den Eschweger Leuchtbergen und der Hessischen Schweiz in der Nähe von Eschwege. Auf und an dem schönen See mit der Fläche von 110 Hektar findet der Besucher ideale Voraussetzungen, um hier zu segeln, surfen, rudern und baden. Die Badestellen mit Sandstrand befinden sich am Südufer in Eschwege gegenüber des Fünf-Sterne-KNAUS-Campingparks mit Reisemobilhafen direkt am See und am Ostufer in Meinhard-Schwebda. Beachvolleyballfelder, Boulebahnen, Tischtennis sowie Möglichkeiten zum Kanufahren und Angeln sind weitere Attraktionen am Werratalsee.

Bei einer Rundfahrt mit dem Ausflugsschiff Werranixe erleben Sie die Landschaft einmal aus einer anderen Perspektive. An Bord befindet sich auch eine Außenstelle des Standesamts, sodass Verliebte hier buchstäblich in den Hafen der Ehe einlaufen können.

Der gut ausgebaute Rundweg um den Werratalsee lädt auf insgesamt sieben Kilometern zu einer Rad- oder Inlineskate-Tour bzw. zu einem gemütlichen Spaziergang ein.

tourist-info@werratal-tourismus.de · www.werratal-tourismus.de
www.eschwege.de · www.werranixe.de · www.knauscamp.de

Das schmucke Fahrgastschiff „Werranixe"

Aktiv im Werratal

Der Naturpark Meißner-Kaufunger Wald ist der drittgrößte Naturpark Hessens und zählt zu den schönsten Naturlandschaften Deutschlands. Hier kann man regelrecht „sehsüchtig" werden ob der vielen schönen Aussichten von Felsvorsprüngen, Kanzeln und Türmen. Aber auch der Geruchssinn kommt nicht zu kurz beim Spaziergang vorbei an Bärlauchteppichen in den einzigartigen Buchenwäldern oder über bunte Blumenwiesen.

Am besten entdecken Sie den Naturpark Meißner-Kaufunger Wald auf den 14 Premiumwanderwegen, die mit dem Deutschen Wandersiegel ausgezeichnet wurden.

Im Werratal gibt es für sportlich Aktive und Genuss-Radler vielfältige Raderlebnisse. Rund um die Freizeitseen in Eschwege und Meinhard sowie den Hohen Meißner laden Radrundtouren von sieben bis 95 Kilometer Länge dazu ein, die Region zu erkunden. Beste Touren für Streckenradler sind der Werratal-Radweg, der Hessische Fernradweg R5, die Werra-Fulda-Radtour und der Herkules-Wartburg-Radweg. Im gesamten Werra-Meißner-Kreis stehen außerdem zahlreiche Mountainbike-Trails zur Verfügung. Alle Routen sind per GPS erfasst.

Wer auf dem Wasser aktiv sein möchte, unternimmt eine Kanutour auf der Werra. Auf diesem geschichtsträchtigen Gewässer paddeln Sie an einer wunderschönen Landschaft vorbei, in der immer wieder Burgen und Schlösser zu sehen sind. Ihre Kanutour planen Sie am besten mit einer der ortsansässigen Kanu-Stationen wie Krumos.

info@urlaub-werratal.de · www.urlaub-werratal.nordhessen.de
www.werratal-tourismus.de · www.kirschenland.de
www.naturpark-mkw.de · www.krumos.de

Sole und Salz in Bad Sooden-Allendorf

Von der Natur verwöhnt – das ist Bad Sooden-Allendorf. Die Verbindung von sehenswerter Fachwerk-Altstadt, Therme und umgebender Natur macht die Stadt zum idealen Ort für Ausflug, Wo-

Das Gradierwerk in Bad Sooden-Allendorf

chenende, Urlaub oder Kur. Die Ausläufer des Hohen Meißner reichen bis an die Stadtmauern, durch die Stadt fließt die Werra mit dem begleitenden Werratal-Radweg.

Dem Salz hat die Stadt ihre Bedeutung zu verdanken. Im Söder Tor, einem Bauwerk von 1704/05, ist das Salzmuseum zu besichtigen (geöffnet Sa., So., Feiert. 14 – 17 Uhr, Apr. – Okt. auch Mi.). Salz und Sole bestimmen die Wirkungen der WerratalTherme (Am Gradierwerk 2), die sich der aktiven Erholung widmet. Wellness, Beauty, Fitness lautet der Dreiklang der Therme, die den Gestressten und Gesunden zu einem wohligeren Leben verhilft. Die Werratal-Therme zeichnet sich durch warmes Solewasser aus, bietet sechs verschiedene Saunen, eine Solegrotte, Dampfbad und Wellenbad an (geöffnet tägl. 9.30 – 22 Uhr, Fr. bis 24 Uhr). Ganz neu ist die Totes-Meer-Salzgrotte, die in einer Stunde so guttut wie ein dreitägiger Aufenthalt am Meer. Um Stadt, Natur und Therme gemeinsam zu genießen, gibt es das günstige Partner-Wochenende, buchbar über die Tourist-Information.

TOURIST-INFORMATION · Landgraf-Philipp-Platz 1-2
37242 Bad Sooden-Allendorf · Tel. 0 56 52/9 58 70
touristinfo@bad-sooden-allendorf.de · www.bad-sooden-allendorf.de

KASSEL STADT UND LAND

Herkules und Habichtswald

Die Highlights: Weltkulturerbe Bergpark Wilhelmshöhe mit Herkules, Wassertheater und Löwenburg, die Documenta, die Grimmwelt und die Museen, der herrliche Habichtswald und der Hessencourrier.

Kassel, die ehemalige Residenz- und Hauptstadt der Landgrafschaft Hessen-Kassel, ist ein Ort für alle Sinne und für die Sinnlichkeit. Natur und Kultur vereinen sich in den vielfältigen Parkanlagen, und der Naturpark Habichtswald ist ein Paradies für Wanderer und Radfahrer.

Eisenbahnfreunde erleben mit der Museumseisenbahn die eigentümliche Nostalgie auf Schienen. Zur Einstimmung gibt es eine Liebesgeschichte, die weit über Kassel Stadt und Land und weit über ihre Zeit hinausreicht.

Der Prinz und die Tochter des Juweliers

Erbprinz Wilhelm von Hessen-Kassel wurde 1777 geboren und 20 Jahre später mit Augusta Friederike, Tochter König Friedrich Wilhelms II. von Preußen verheiratet. Fünf Kinder zeugte der Prinz mit der Prinzessin – aus Lust und ohne Liebe. Anlässlich eines Besuchs bei den Schwiegereltern in Berlin im Jahr 1812 wollte er beim Juwelier Ortlep den Ring versetzen, der einst sein Verlobungsgeschenk für Augusta war. Der Herr Ortlep war nicht anwesend, seine reizende Tochter Emilie bediente den hohen Kunden. Es muss Liebe auf den ersten Blick gewesen sein. Emilie übersiedelte nach Kassel, bezog ein Palais und wurde schließlich Gräfin Reichenbach-Lessonitz.

1821, nach dem Tod des Vaters, übernahm der Prinz als Wilhelm II. den Thron des Landgrafen und Kurfürsten. 20 Jahre später starb seine Frau Augusta und er heiratete in morganatischer Ehe seine Emilie. Die braven Kasselaner empörten sich. Wilhelm II. übergab die Regentschaft seinem Sohn Friedrich Wilhelm, zog sich nach Hanau, später nach Frankfurt zurück. Hier starb 1843 Emilie. Wilhelm ließ für sie ein prächtiges Mausoleum auf dem Frankfurter Hauptfriedhof errichten.

Allein im Bett langweilte sich Wilhelm. So nahm er Karoline von Berlepsch, die Tochter des Kasseler Stadtkommandanten, zur Ehefrau linker Hand. Wilhelm starb 1847 und wurde in der Marienkirche zu Hanau beigesetzt.

Seine und Emilies Kinder gaben dem Bildhauer Eduard von der Launitz, der den Sarkophag für Emilie mit deren Darstellung in Lebensgröße geschaffen hatte, den Auftrag, auch eine lebensgroße Liegefigur für den ehemaligen Kurfürsten zu fertigen. So liegen nun die Bildnisse beider Liebenden in einem Raum vereint.

Kurfürstlich residieren im Schlosshotel

An der Stelle, an der seit 1767 ein Gasthaus stand, ließ Kurfürst und Landgraf Wilhelm II. ein neues Hotel in der Nachbarschaft des Schlosses Wilhelmshöhe errichten. In seiner Geschichte sah es viele illustre Gäste und tischt bis heute im Restaurant unter anderem Spezialitäten aus Nordhessen auf (geöffnet Mo.–So. 12–14.30, 18–

Ideal für eine Zeit zu zweit in Kassel: das Schlosshotel

22 Uhr). Der großzügige Wellness-Bereich mit Sauna, Fitnessgeräten und Beauty-Angeboten sollte nicht dazu verführen, keine Ausflüge und Touren in die Stadt und ihre Umgebung zu unternehmen. Verlockende Arrangements wie „Wellness Weekend", „Bergpark Weekend", „One Night in Kassel" oder „Zeit zu zweit" sind Anlass, dem Ruf zu folgen: Ab nach Kassel!

SCHLOSSHOTEL BAD WILHELMSHÖHE · Schlosspark 8
34131 Kassel · Tel. 05 61/3 08 80
reception@schlosshotel-kassel.de · www.schlosshotel-kassel.de

Herkules ist der Größte

Herkules, Sohn des Zeus und Halbgott mit gigantischen Kräften, verübte viele Heldentaten. Seine Statue aus Kupferblech, ins Kolossale nachgebildet nach der römischen Kopie des Herkules Farnese, die eine Nachahmung einer griechischen Skulptur ist, ist 9,2 Meter hoch. Der nackte Held, auf eine Keule gestützt, ist das Wahrzeichen der Stadt. Das achteckige Riesenschloss Oktogon ist 30 Meter hoch, darauf erhebt sich eine gleich hohe Pyramide, auf deren Spitze Herkules steht.

Der Herkules mit den Kaskaden

Zu Beginn des 18. Jahrhunderts entstand die Anlage, zu der die berühmten Wasserspiele gehören. Vom Oktogon stürzt das Wasser die 210 Meter langen Kaskaden hinunter, bildet unterwegs den Steinhöfer Wasserfall, strömt unter der Teufelsbrücke hindurch zum Aquädukt, einer künstlichen Ruine, zum Fontänenteich, aus dem eine 52 Meter hohe Fontäne aufschießt, schließlich über kleine Wasserfälle zum Lac. Dieses gigantische Wassertheater, eine weltweit einzigartige Inszenierung, wird vom 1. Mai bis zum 3. Oktober jeden Mittwoch, Sonntag und an Feiertagen ab 14.30 Uhr veranstaltet.

Nachts ist der Herkules ein leuchtendes Lichtspiel, und von Juni bis September werden jeden ersten Samstag im Monat die beleuchteten Wasserkünste aufgeführt.

info@kassel-marketing.de · www.kassel.de · www.wilhelmshoehe.de

Die Löwenburg war ein Liebesnest

Eine der vielen Attraktionen in Europas größtem Bergpark, seit 2013 Weltkulturerbe, ist die Löwenburg, die mit Turnierplatz und Burggarten geschmückt ist. Die mittelalterlich anmutende Burg ließ

Die romantische Löwenburg mutet mittelalterlich an

Landgraf Wilhelm IX. von Hessen-Kassel zwischen 1793 und 1801
erbauen. Das Bauwerk entsprang einem typisch romantischen Impuls. Wilhelm IX., seit 1803 Kurfürst Wilhelm I., hatte die Burg
errichtet, um hier – fern vom Hof und seiner Gemahlin – der Minne
mit Frau Caroline von Schlotheim zu huldigen. Die Räume ließ
Wilhelm prächtig ausstatten mit historischen Möbeln, Gemälden,
Tapisserien, Gläsern, Porzellan, Skulpturen, einer Waffensammlung
und mittelalterlichen Glasfenstern. Schon als Erbprinz hatte Wilhelm, der damals in Hanau residierte, Wilhelmsbad erbauen und für
sich und seine Mätressen die Burgruine als Lustburg errichten und
prächtig ausschmücken lassen.

Die Löwenburg und die Burgkapelle sind bei Führungen zur vollen
Stunde zu besichtigen (1. März bis 15. Nov. Di.–So., Feiert. 10–17
Uhr, 16. Nov. bis Ende Februar Fr.–So., Feiert. 10–16 Uhr).

www.museum-kassel.de · www.kassel.de

Kunst in Kassel
Die prächtigen Bauwerke und die kostbaren Kunstwerke, die in Kassel zu bewundern sind, haben die Untertanen der Landgrafen und

Die Documenta-Halle ist ein Kunstwerk der Architektur

Kurfürsten bezahlt – zum Teil mit ihrem Blut und Leben. Der große Sammler und Bauherr Wilhelm I. hat seine Landeskinder als Soldaten und Kanonenfutter an die Kolonialmächte verkauft.

Schloss Wilhelmshöhe ist heute ein Staatliches Museum für Gemälde alter Meister, für die Antikensammlung und die Grafische Sammlung; der Weißensteinflügel ist das Schlossmuseum.

Die Neue Galerie, Schöne Aussicht 1, nahe dem Stadtzentrum zeigt die deutsche und internationale Malerei ab 1750. Die Öffnungszeiten für die Museen: Di. – So., Feiert. 10 – 17 Uhr, Neue Galerie Do. bis 20 Uhr.

Die Documenta ist die weltweit größte Schau internationaler Gegenwartskunst. Sie findet alle fünf Jahre statt und wird überall in der Stadt inszeniert. Das nächste Mal vom 10. Juni bis 17. Sept. 2017.

Im gleichen Jahr findet die documenta 14 in Athen (8. April bis 16. Juli 2017) als gleichberechtigten Standort statt, was von Kritikern positiv gesehen wird.

www.museum-kassel.de · www.documenta.de

Grimmwelt Kassel

Ab nach Kassel in die märchenhafte Grimmwelt! Hier wird einem breiten Publikum in eindrucksvoller Weise das schöpferische Leben und anhaltende Wirken der Brüder Wilhelm und Jacob Grimm dargeboten. Alle sind herzlich willkommen: Jung und Alt, Groß und Klein, Paare, Familien, Schulklassen, Experten und Laien, Kunst- und Sprachinteressierte, Märchenkenner und alle Freunde der Märchenbrüder. Sie waren die beliebten Märchenerzähler, aber auch bedeutende Literatur- und Sprachwissenschaftler sowie Politiker und sie gehörten zu den Mitbegründern der Germanistik. Ihre „Kinder- und Hausmärchen" sind das meist gelesene, meist verkaufte und meist übersetzte deutschsprachige Buch.

An Kinder, Jugendliche und experimentierfreudige Erwachsene richtet sich der Erlebnisbereich des Museums. Die Besucher dürfen nicht ängstlich sein. Hier könnte einem ein grimmiger Wolf begegnen oder es lauert irgendwo eine Hexe und lockt ins Pfefferkuchenhaus oder mal flüstert es aus einer dichten Hecke „Hörst du mich? Komm ein Stück näher!" Was dann wohl passiert? Nun, der Besucher muss sich allein einen Weg durch die Hecke zur Prinzessin bahnen.

Der berühmte chinesische Künstler Ai Weiwei hat aus Liebe zur Stadt Kassel extra ein Kunstwerk für die Grimmwelt geschaffen. Un-

Die Grimmwelt Kassel ist ein Märchenschloss für alle

In der zauberhaften Grimmwelt

weit dieses Kunstwerks befindet sich ein Schimpfwort-Generator. Hier kann der Besucher sein Lieblingsschimpfwort laut in das Sprachrohr rufen. Eine Stimme ruft ein anderes aus dem Grimmschen Wortschatz zurück.

Der zweite Ausstellungsbereich folgt 26 Einträgen aus dem Deutschen Wörterbuch – es gehört zu den großen Leistungen der Brüder. Hauptattraktion der Ausstellung sind die beiden Arbeitsexemplare der „Kinder- und Hausmärchen" mit handschriftlichen Anmerkungen der Sprachforscher. Diese beiden Exemplare von 1812/1815 gehören zum Weltdokumentenerbe der Unesco.

Die Geschäftsführerin Susanne Völker: „Wir richten uns an ein neugieriges und interessiertes Publikum, das sich mit großer Freude auf den Facettenreichtum der Grimms und der Grimmwelt einlässt." Die Grimmwelt ist geöffnet von Dienstag bis Sonntag, Ostermontag und Pfingstmontag von 10 – 18 Uhr, Freitag bis 20 Uhr, am 24. und 31. Dezember bis 14 Uhr. An allen Feiertagen gelten die regulären Öffnungszeiten, Neujahr und montags geschlossen. Öffentlicher Rundgang jeden Samstag, 15 Uhr. Das Museum ist barrierefrei.

Das Café-Restaurant „Falada" lädt mit seiner Gute-Laune-Küche zum Verweilen ein. Falada ist das sprechende Pferd aus dem Märchen „Die Gänsemagd".

GRIMMWELT KASSEL · Weinbergstraße 21 · 34117 Kassel
Tel.: 05 61/59 86 19 10 · info@grimmwelt.de · www.grimmwelt.de

Der Habichtswald bietet vielfältige Naturerlebnisse

Wander- und Radlerparadies Naturpark Habichtswald

Im Norden des Hessischen Berglandes, am Rande der Kulturmetropole Kassel, liegt der Naturpark Habichtswald. Rund 50 Wanderparkplätze laden ein, das Auto stehen zu lassen. Von hier starten Rundwege unterschiedlicher Länge. Entlang der 400 Kilometer Wanderwege findet der Wanderer Schutzhütten, Spielplätze und Ruhebänke vor. Auch überregionale Rad- und Wanderwege durchziehen den Naturpark.

Der Premiumwanderweg Habichtswaldsteig verbindet auf etwa 85 Kilometern Länge die Naturparkkommunen von der Stadt Zierenberg aus mit dem Edersee; acht Extratouren sind ausgeschildert. Hotels und Ferienwohnungen ermöglichen einen längeren Aufenthalt.

Auf dem Dörnberg bei Zierenberg informiert das Naturparkzentrum Habichtswald über das Feriengebiet (geöffnet März–Okt. Di.–So. von 10–17 Uhr, in den Wintermonaten wochentags von 12–16 Uhr und am Wochenende von 10–16 Uhr, montags Ruhetag).

NATURPARKZENTRUM HABICHTSWALD · Auf dem Dörnberg 13
34289 Zierenberg · Tel. O 56 06/53 33 27
info@naturpark-habichtswald.de · www.naturpark-habichtswald.de
www.habichtswaldsteig.de

Hessencourrier – Nostalgie auf Schienen

Von Kassel-Bad Wilhelmshöhe, vom eigenen Bahnhof im Technologiepark Marbachshöhe in der Nähe des ICE-Bahnhofs Kassel Wilhelmshöhe-Süd, quer durch den Habichtswald über Schauenburg und Bad Emstal führt der Schienenweg nach Naumburg. Der Bahnhof hier dient als Eisenbahnmuseum. Die 33,4 Kilometer lange Bahnlinie der einstigen Kleinbahn Kassel – Naumburg dient nun dem Museumszug Hessencourrier, gezogen von einer der historischen Dampfloks. Saisonbeginn der Fahrten ist Ostern, mit Nikolaus- und Glühweinfahrten endet das Eisenbahnjahr. Die Züge sind bewirtschaftet, hessische Wurstspezialitäten stehen auf dem „Magenfahrplan".

Wanderer können von den einzelnen Stationen aus auf Tour gehen; Fahrräder werden in einem Güterwagen transportiert. Die Museumszüge stehen auch für Sonderfahrten zur Verfügung, zum Beispiel für einen Hochzeitszug. Dann heißt es: Freie Fahrt für die Liebe.

HESSENCOURRIER · Info-Tel. 05 61/80 75 700 oder 05 61/58 15 50
info@hessencourrier.de · www.hessencourrier.de

Der Hessencourrier mit der Dampflok 52 4544, Baujahr 1944

MÄRCHENHAFTES NORDHESSEN

◇ ·········· ♡ ·········· ◇

Heimat von Dornröschen und Rapunzel

Die Highlights: Das märchenhafte Dornröschenschloss Sababurg, der Urwald im Reinhardswald, der Weser-Skywalk über Bad Karlshafen.

Ausgangspunkt für Ausflüge und Touren ist das zauberhafte Schloss Sababurg mit dem ältesten Tierpark Europas. Ein außergewöhnliches Erlebnis bietet das Naturschutzgebiet Reinhardswald mit dem Urwald: uralte Bäume, knorrig und bizarr geformt, regen die Fantasie der Besucher an. Lohnenswert ist ein Ausflug zur Burg Trendelburg, wo Rapunzel einst ihr langes Haar herunterließ. Spaziergänger, Wanderer und Wasserwanderer sowie Radfahrer besuchen den Naturpark Diemelsee und das Freizeitparadies Willingen.

Das Dornröschenschloss Sababurg

Bereits die Anfahrt zum Dornröschenschloss in der Grimmschen Heimat Nordhessen ist märchenhaft. Folgen Sie der Deutschen

*Das märchenhafte Dornröschen-
schloss Sababurg*

Märchenstraße, die an der Weser entlangführt, weiter geht's durch den Reinhardswald, und schon bald kommt das Dornröschenschloss Sababurg in Sicht. Die Anlage wurde 1334 gegründet, 1810 aufgegeben und Mitte des vorigen Jahrhunderts von der Familie Koseck – welch liebevoller Name – wachgeküsst.

Im Schloss gibt es seit 1590 nach Tieren benannte Kemenaten und Gemächer. Wer Lust hat, spaziert entlang des Märchenrundgangs durch den historischen Garten mit Renaissanceblumen und Rosen, besucht den 135 Hektar großen Tierpark und wandert durch den Urwald Sababurg, Hessens erstes Naturschutzgebiet.

Das romantische Hotel bietet verschiedene Arrangements an unter dem Stichwort „Schlemmen, Schlummern, Schmusen". Dafür steht das Turm-Gemach mit Himmelbett und Whirlwanne zur Verfügung.

DORNRÖSCHENSCHLOSS SABABURG · im Reinhardswald
34369 Hofgeismar · Tel. 0 56 71/80 80
dornroeschenschloss@sababurg.de · www.dornroeschenschloss.de

Das Märchen vom Dornröschen

Es waren einmal ein König und eine Königin, denen erst nach langer Zeit ein Kind, ein Mädchen, geboren wurde. Der Vater war außer sich vor Freude und veranstaltete ein großes Fest. Dazu lud er auch die weisen Frauen aus seinem Reich ein. Aber es gab nur zwölf goldene Teller, weshalb die dreizehnte weise Frau nicht eingeladen werden konnte.

Die weisen Frauen wünschten dem Mädchen Glück und gute Gaben. Als die elfte ihr Sprüchlein aufsagte, stürzte die dreizehnte in den Festsaal und rief: „Die Königstochter soll sich an ihrem fünfzehnten Geburtstag an einer Spindel stechen und auf der Stelle tot umfallen." Da trat die zwölfte Frau hinzu und sagte zu dem Kind: „Es soll aber kein Tod sein, nur ein hundertjähriger Schlaf."

Und so geschah es. Das junge Mädchen ging an seinem fünfzehnten Geburtstag heimlich in eine kleine Turmstube, in der eine alte Frau beim Spinnen saß. Die neugierige Maid griff zur hüpfenden Spindel, wurde gestochen und fiel in einen tiefen Schlaf, ebenso alle Schlossbewohner. Nur die dichte Dornenhecke wuchs und wuchs und wuchs. Manch ein Prinz verfing sich in den spitzen Dornen beim Versuch, die Königstochter zu wecken. Als sich nach 100 Jahren wieder ein Königssohn aufmachte, um Dornröschen zu retten, verwandelten sich die Dornen in duftende Rosenblüten. Der Prinz fand das schlafende Dornröschen. Vorsichtig küsste er sie und sie erwachte, wie alle Schlossbewohner. Schon bald wurde Hochzeit gefeiert, und sie lebten glücklich bis an ihr Lebensende.

Endlich wachgeküsst – die Prinzessin und der Prinz

Schon fast seit den Zeiten der Brüder Grimm kann dem Volksmund nach Dornröschens Schloss nur die Sababurg sein.

Der Reinhardswald, Urwald und Tierpark
Der Reinhardswald gilt als das „Schatzhaus Europäischer Wälder". Zwischen Sababurg und Beberbeck erstreckt sich ein einmaliges Naturgebiet, der Urwald Sababurg, Deutschlands ältestes

Waldnaturschutzgebiet von 1907. Hier bringen die mächtigen, viele 100 Jahre alten Eichen mit ihren knorrigen Stämmen und die mehrstämmigen Buchen Besucher zum Staunen. Wer hier wandelt, wähnt sich wegen der bizarren Stämme und der im Absterben begriffenen Baumriesen in einem Märchenwald. In Deutschland gibt es wohl keinen Ort, an dem so viele alte Bäume zusammenstehen.

Wenn Sie durch den Urwald gehen, brauchen Sie nicht zu befürchten, dass Riesen, Kobolde, Trolle oder bösartige Fabelwesen einen Schabernack mit Ihnen treiben. Wenn's knarrt und knackt, wird es ein altersschwacher, 100 Jahre alter Ast sein, der sich müde zum Boden neigt. Im Reinhardswald haben viele Tiere ihren Lebensraum gefunden, Hirsch- und Nashornkäfer ebenso wie Raubvögel, Hirsche, Wildschweine und Wildkatzen, auch einzelne Wölfe. Sie zu entdecken ist sehr selten.

Sie möchten gern Tiere aus der Nähe betrachten? Dann besuchen Sie den ältesten Tierpark Europas am Fuß des Dornröschenschlosses. Er wurde 1571 von Landgraf Wilhelm IV. gegründet.

www.tierpark-sababurg.de

Der Weser-Skywalk – Schweben über Fels und Wasser

Vom 80 Meter hohen Weser-Skywalk auf den Hannoverschen Klippen bei Bad Karlshafen haben die Besucher einen grandiosen Ausblick ins Wesertal, auf das Kronendach des angrenzenden Waldes, auf Bad Karlshafen und Würgassen. Die Plattform ragt rund vier Meter über die Felsen in die Luft hinaus.

Wer nicht lange wandern möchte, nutzt direkt den oberen Parkplatz. Von dort sind es noch etwa 300 Meter auf einem Naturpfad. Für Naturliebhaber und Familien bietet sich der Aufstieg über den rund zwei Kilometer langen Erlebnisweg „Holzweg" an. Er beginnt am Parkplatz der Personenfähre Herstelle-Würgassen.

www.bad-karlshafen.de

Auf dem Himmelsweg über der Weser schweben

Die Weser-Therme in Bad Karlshafen

Machen Sie doch einmal einen Wellnesstag in der modernen Weser-Therme (geöffnet tägl. 9–22 Uhr, Fr., Sa. bis 23 Uhr) mit dem angenehm warmen Thermalsolewasser. Relaxen Sie in der Saunalandschaft und lassen Sie sich im Wellnessbereich mit Massagen und im Gastronomiebereich von den kreativen Köchen verwöhnen. Besonders romantisch ist das Mondscheinschwimmen bei Kerzenschein, Entspannungsmusik, Edelsteintauchen, Relax-Massagen und einem „Dinner for two".

Wellness zu zweit in der Weser-Therme

WESER-THERME · Kurpromenade 1 · 34385 Bad Karlshafen
Tel. 0 56 72/9 21 10 · info@wesertherme.de · www.wesertherme.de

Das Rapunzelschloss Trendelburg

Dort, wo sich die Deutsche Märchenstraße und die Deutsche Fachwerkstraße im Tal der Diemel treffen, liegt Trendelburg mit der gleichnamigen Burg aus dem 14. Jahrhundert.

Es war einmal eine Frau, die war schwanger und hatte Heißhunger auf Feldsalat, der auch Rapunzel genannt wird. Den stibitzte ihr Mann aus dem Garten der Nachbarin, die eine Hexe war. Er wurde erwischt und musste der Hexe sein Kind versprechen, um einer Strafe zu entgehen. Das neugeborene Mädchen wurde von der Hexe Rapunzel genannt und in einen Turm gesperrt. Das Mädchen wurde größer, sein Haar länger. Daran kletterte eines Tages ein Prinz in das Turmzimmer. Wie es dann zum Happy End kommt, steht in Grimms Märchen.

Die Trendelburg mit ihrem 38 Meter hohen Hochzeitsturm liegt hoch über der historischen Altstadt und ist heute ein Hotel und Restaurant (geöffnet tägl. 12 – 21.30 Uhr). Hochzeiten werden hier märchenhaft-romantisch gefeiert.

Wo sich einst Rapunzel mit ihrem Prinzen vergnügte

Das märchenhafte Hotel Burg Trendelburg bietet außerdem sagenhafte Arrangements wie „Märchen-Dinner", „Feenzauberwelt" oder „Rapunzeltage".

Die Trendelburg kann Ausgangspunkt sein für Wanderungen und Radtouren, Angel- und Kanusport.

HOTEL BURG TRENDELBURG · Privathotels Dr. Lohbeck GmbH & Co. KG
Steinweg 1 · 34388 Trendelburg · Tel. 0 56 75/90 90
info@burg-hotel-trendelburg.com · www.burg-hotel-trendelburg.com

Naturpark Diemelsee – Eldorado für Wassersportler und Landratten

Im äußersten Nordwesten unseres Hessenlandes liegt der Naturpark Diemelsee. Der Stausee von 1912/1924, liegt malerisch eingebettet zwischen Wiesen und Wäldern. Auf dem See verkehrt ein kleines Fahrgastschiff, die „St. Muffert". Wer einmal als stolzer Kapitän seine Liebste über den See schippern möchte, leiht sich in Helminghausen ein Ruder- oder Elektroboot oder zerfurcht lautlos mit dem eigenen Segelboot die sanften Wellen. Am Ufer des Diemelsees darf man schwimmen und angeln, auf dem See surfen.

Mit dem Kanu können Sie auf dem Diemelsee ohne Hektik die Landschaft und Zweisamkeit genießen. Wer's sportlicher mag, paddelt die Naturwildwasserstrecke mit Bootsrutschen, flotter Strömung und einigen Stromschnellen entlang. Idyllische Ufer laden zum Picknicken ein.

Der Diemelsteig (Kennzeichen: ein schwungvolles D auf grünem Grund) ist ein 63 Kilometer langer Wanderweg. Eine etwa zweistündige Wanderung beginnt am Haus des Gastes in Heringhausen. Vom Parkplatz Florenbicke führt der Weg steil hinauf zum Höhepunkt des Diemelsteigs, zur 592 Meter hohen St. Muffert-Klippe. Von hier geht es zurück zum Ausgangspunkt.

Der 110 Kilometer lange Diemelradweg (Kennzeichen: ein Ammonit) verläuft entlang der Diemel ohne Steigungen und kann in Etappen erfahren werden. Er beginnt an der Diemelquelle in Usseln und endet an der Mündung der Diemel in die Weser in Bad Karlshafen.

Freizeitparadies Willingen

Willingen (Upland) an der Grenze zu Nordrhein-Westfalen ist ein vielfältiges Freizeit- und Hochzeitsparadies. Neben einem Abenteuer-Golfplatz gibt es eine Eissporthalle, eine Kartbahn, eine Kletterhalle, ein Erlebnisbad (geöffnet tägl. 9–23 Uhr), eine Sommerrodelbahn, viele schöne Rundwanderwege, Mountainbike- und Rennrad-Trails sowie Bike-Parcours. Im Winter wandelt sich Willingen zum internationalen Wintersportplatz. Auf Wintersportler warten 20 Skilifte und 100 Kilometer gespurte Langlaufloipen. Oder wie wäre es mit einer nächtlichen Rodelpartie bei Flutlicht? Die Rodelhänge Ritzhagen, Snow & Sun Park und Dorfwiese werden künstlich beschneit.

Ein ganz besonders aufregendes Erlebnis ist der Naturhochseilgarten an der Weltcupschanze. Der Panoramapfad besteht aus Schlingen, Balken, Holztreppen und Netzen – mit einem berauschenden Blick ins Strycktal (nur nach Anmeldung).

Die größte Outdoor-Kletterwand Europas befindet sich am Willinger Hochheideturm auf dem Ettelsberg (geöffnet tägl. 9–17 Uhr). Von der verglasten Aussichtsplattform genießen die Besucher einen einmaligen Blick über das Hochsauerland.

Heiraten Sie doch einmal in luftiger Höhe. Ein Standesbeamter der Gemeinde Willingen traut Sie auf der Plattform des Hochheideturms oder im „Adlerhorst" der Mühlenkopfschanze, in dem sich die weltbesten Skispringer kurz vor dem Absprung aufhalten, oder unter Tage in der Willinger Schiefergrube Christine.

ERLEBNISREGION EDERSEE

Wald und Wasser

Die Highlights: Nationalpark Kellerwald-Edersee, Wandern auf verschlungenen Pfaden, Kanu fahren, Wellness und Wassersport, Gold schürfen und Gold schlürfen, Spaziergang über den Baumkronen.

Die Eder entspringt als kleiner, quirliger Bach im Rothaargebirge und fließt recht flink durchs schöne Nordhessen, bildet den Edersee und erreicht nach rund 100 Kilometern die Fulda. Rechts und links

der Eder säumen dichte Wälder das Tal. Jeder Aufenthalt ist ein außergewöhnliches Erlebnis: Wellness im Terrassenhotel, mit einer
Elektroyacht zu zweit auf dem Edersee cruisen, goldiger Aufenthalt
im Goldflair-Hotel, idyllische Ruhe in der Bärenmühle, ein Himmelbett unterm Sternenhimmel.

Terrassenhotel Edersee
Direkt am Edersee liegt das Hotel und ein Schiffsanleger. Das Hotel
bietet den Gästen verschiedene Arrangements, dazu gehört auch ein
Wellness-Paket. Von hier können zu Fuß oder mit dem Fahrrad Touren auf dem Ederseerundweg (etwa 50 Kilometer) unternommen
werden; Wegkürzungen sind mit der Fähre oder per Schiff möglich.
Der Kellerwaldsteig ist ein etwa 150 Kilometer langer Rundwanderweg, der den Nationalpark mit dem Naturpark verbindet. Er erhielt
das Gütesiegel „Qualitätsweg Wanderbares Deutschland".

Unterhalb des Terrassenhotels befindet sich das Wassersportcen-
ter Sun & Fun (Randstraße 3). Hier können Sie ein Elektroboot
oder eine Elektroyacht mieten und stundenweise oder den ganzen
Tag damit auf dem See, am besten mit einem gut gefüllten Picknickkorb, verbringen.

www.nationalpark-kellerwald-edersee.de · www.sunfun.de

Eine Elektroyacht, um sun & fun zu erleben

TERRASSENHOTEL EDERSEE · Randstraße 4
34549 Edertal-Hemfurth · Tel. 0 5623/9 47 90
info@terrassenhotel-edersee.de · www.terrassenhotel-edersee.de

Mit dem Kanu auf der Eder

Der fjordähnliche Edersee windet sich zunächst durch das Kerbtal mit seinen steilen Hängen und den dichten Buchenwäldern des Natur- und Nationalparks Kellerwald. Wenn sich der See weitet und auf der glitzernden Wasserfläche weiße Segelboote und schnittige Kanus lautlos dahingleiten, weitet sich auch das Herz eines jeden Wasserwanderers.

Wie wäre es mit einer Drei-Tages-Tour, die bei Affoldern direkt hinter dem Ausgleichbecken beginnt? Insgesamt werden 43 Kilometer auf dem Wasser zurückgelegt. Die flotte Strömung der Eder sorgt für ein herrliches Paddelvergnügen. Licht und Schatten verzaubern die Landschaft. Die alte Kaiserstadt Fritzlar lädt zum Stadtbummel, Hotels und Gasthäuser laden zum Übernachten ein. Die letzen Kilometer führen in einer weiten Schleife um ein Wehr herum, bis eine romantische Mühle die Ausstiegsstelle Grifte ankündigt. Mit dem Kanu können Sie den Garten der Sinne, die Sommerrodelbahn, die Staumauer und den Aquapark erreichen. Der Aquapark in Edertal-Hemfurth ist eine einzigartige Attraktion mit Wasserrutschen, Wassertreppe, Wasservorhang und -rädern, Fontänen, Brunnen und Brücken (geöffnet Ostern bis Oktober).

Entdecken Sie einen Goldschatz mit ihrem Goldschatz: Direkt an der Edertalbrücke in Mehlen, neben dem Ederauen-Erlebnispfad, liegt der Goldwaschplatz. Goldwaschkurse finden von Juli bis Oktober statt (www.goldwelten.de, Anmeldung Tel. 01 63/4 05 49 70).

ERLEBNISTOUREN ODENHARDT · Wegaer Str. 1
34549 Edertal-Anraff · Tel. 0 56 21/7 43 91
info@eder-kanu.de · www.eder-kanu.de

Der Edersee: Sport und Erholung

Am und auf dem Wasser sind jeglicher Badespaß und fast alle Wassersportarten möglich: man kann segeln, surfen, Wasserski fahren, angeln, tauchen, Kanu fahren und schwimmen. Alle Badestrände am Edersee (Waldeck, Vöhl, Edertal, ganzjährig geöffnet) sind über die Ederseerandstraße zu erreichen.

Auf dem schönen See sind von März bis Oktober die komfortablen Schiffe „Stern von Waldeck" und „Edersee Star" unterwegs. Die Rundfahrten finden zwischen den Anlegestellen Edertal-Sperrmauer, Waldeck, Halbinsel Scheid, Bringhausen, Asel und Herzhausen statt. Heiratswillige können sich auf den Schiffen trauen lassen.

edersee-info@t-online.de · www.edersee.com
personenschiffahrt-edersee@t-online.de
www.personenschiffahrt-edersee.de

Auf zwei Rädern – ohne Anstrengung

Erkunden Sie doch einmal den Edersee während einer zweistündigen SEGWAY-Tour von Hemfurth nach Rehbach direkt am Wasser entlang vor der traumhaften Kulisse von Schloss Waldeck. Oder bewegen Sie sich während der Edersee-Panorama-Tour auf den Anhöhen der „Ederseeberge" und erfahren Sie Wissenswertes im Museum „Hinter Schloss und Riegel". Erleben und genießen Sie auf diesen

Am Edersee, im Hintergrund Hotel Schloss Waldeck

Touren die einzigartigen Ausblicke auf Edersee und Edertal. Gefahren wird auf geteerten und festgefahrenen Waldwegen.

FUNMOBI (SEGWAY) · Am Melgershäuser Weg 16 · 34212 Melsungen
Tel. 0 56 61/9 08 30 46 · funmobi@web.de · www.funmobi.de

Wandern auf verschlungenen Pfaden

Der Nationalpark Kellerwald-Edersee wurde von der UNESCO zum Weltnaturerbe erklärt. Damit haben die Buchenwälder die gleiche Bedeutung wie der Grand Canyon in den USA oder das Great Barrier Reef in Australien.

Erleben Sie auf verschiedenen, gut ausgeschilderten Routen des Kellerwaldsteigs die urigen Krüppelwälder im Norden und die riesigen Buchenwälder. Sie lieben verschlungene Pfade und gehen gern über Stock und Stein? Dann ist der Urwaldsteig Edersee genau das Richtige für Sie. Staunen Sie über den echten Urwald, die atemberaubenden Ausblicke, erleben Sie wilde Natur auf Schritt und Tritt. Und fürchten Sie sich nicht vor den Kobolden und Gnomen – es handelt sich nur um bizarre Baumgestalten.

www.naturpark-kellerwald-edersee.de
www.urwaldsteig-edersee.de

Der Baumkronenweg

Ein Spaziergang der besonderen Art führt hoch in das oberste Stockwerk des Waldes. In der Nähe des Wildparks am Südufer des Edersees erhebt sich ein fantastischer Weg in bis 30 Meter Höhe über das

Über allen Wipfeln ist Spaß

grüne Dach der Baumkronen. Der Blick von den Aussichtsplattformen schweift über den Kellerwald, den Edersee bis hin zum Schloss Waldeck. Der 750 Meter lange Eichhörnchenpfad, ein Lehrpfad mit Kunstobjekten, führt direkt zum Baumkronenweg. Der Aufstieg ist mühelos und für Kinderwagen, Kleinkinder und Rollstuhlfahrer geeignet.

Für Romantiker wird eine Aussichtsterrasse in mildes Kerzenlicht getaucht und die Gäste können hier ein delikates „Treetopdinner" in luftiger Höhe genießen.

TREE TOP WALK · Baumkronenweg Edersee · Brühlfeld 3
34549 Edertal-Hemfurth · Tel. 056 23/9 73 79 77
info@baumkronenweg.de · www.braumkronenweg.de

Draisine

Wie wäre es mit einem kurzen Ausflug mit der Fahrrad-Draisine entlang des Affoldener Sees? Das Vergnügen auf der ehemaligen Kraftwerksbahn beginnt in Affoldern und endet in Hemfurth und geht dann wieder zurück (insgesamt 4,4 Kilometer).

info@eder-draisine.de · www.eder-draisine.de

Goldene Zeiten in Korbach

Hier liegen Sie goldrichtig

Fühlen Sie sich willkommen in der Hansestadt Korbach, der goldenen Stadt. Hier befindet sich die größte Goldlagerstätte Deutschlands. Im Südwesten der historischen Altstadt erhebt sich der 562 Meter hohe Hausberg, der Eisenberg, an den sich das Dorf Goldhausen schmiegt. Bei einem Stadtbummel können Sie das Museum besichtigen, in dem auch Exponate aus der

Goldgräberzeit und Fossilien aus der „Korbacher Spalte" (200 Millionen Jahre alt) ausgestellt sind.

Da so ein Stadtspaziergang hungrig macht, genießen Sie die regionale Goldküche (tägl. 11.30–14 Uhr, 18–22 Uhr, So. 11.30–14.30 Uhr) des Goldflair-Hotels. Oder radeln Sie ein Stück auf dem 2013 eröffneten Ederseebahn-Radweg, der gut 26 Kilometer lang ist. Vorschläge für verschiedene Radtouren bekommen Sie im Hotel. Zurück im Goldflair-Hotel erwartet Sie prickelnder Korbacher Goldsekt und abends ein aphrodisisches Goldmenü.

Alle Sinne sind nun aufgeschmeichelt. Verliebte haben die Auswahl zwischen verschiedenen Goldzimmern des Hotels. Sie tragen so schöne Namen wie „Afrika-Gold", „Gold des Orients", „Indien-Gold" oder „Pharaonen-Gold". Für Prinzen und Prinzessinnen, für Burgfräulein und Räuberhauptmänner gibt es das goldrichtige Wohlfühl-Wochenende mit Aktivitäten wie den Goldberg besteigen, Gold schürfen, Besuch der Heusauna, goldene Speisen wie das Goldgräber- oder das Goldflair-Menü, Massagen oder Stadtführungen. Korbach ist die Stadt des Hessentags 2018.

FLAIR-HOTEL GOLDFLAIR AM RATHAUS · Stechbahn 8
34497 Korbach · Tel. 0 56 31/5 00 90 · gast@goldflair.de
www.hotel-goldflair.de

Bad Arolsen – das hessische Versailles

Das Wahrzeichen der Stadt ist das prächtige Residenzschloss (Führungen Apr.–Okt. tägl. 10–17 Uhr, Nov.–März Mi.–Sa. 14–17 Uhr, So. und Feiert. ab 11 Uhr).

Das Welcome Hotel Bad Arolsen ist ein guter Ort, um von hier die Umgebung zu erkunden. Der Twistesee ist nur drei Kilometer entfernt. In dem hoteleigenen Spa mit seinen vielfältigen Beauty- und Wellness-Angeboten lässt es sich stilvoll relaxen. An den beiden Romantik-Tagen erwarten die Gäste unter anderem Sekt und Erdbeeren, ein Candle-Light-Dinner sowie für sie ein Cleopatrabad und für ihn ein Cäsarbad. Speziell an Golfspieler wendet sich das Programm „Golf-Erfolge". „It's a man's day" heißt der Wellnessurlaub

Der elegante Pool im Welcome Spa

für Männer. Danach gibt's Steaks und Warsteiner. Spezielle Angebote gibt es auch für die Barock-Festspiele im Juni. Zur Gastronomie des Hotels gehören das Restaurant „Schlossgasthof" (So.–Do. 12–14 Uhr, 18–21.30 Uhr, Fr., Sa. bis 22 Uhr), Café „Orangerie" (So., Mo. 11–1 Uhr, Di.–Sa. bis 22 Uhr), Abendlokal „Plückers" Di.–Sa. 19–1 Uhr).

Im schönen Wiesengrunde – das Landhaus Bärenmühle

Raus aus der Großstadt, rein in einen Ort der Stille – eingebettet zwischen Wäldern und Wiesen liegt am Rand des Nationalparks Kellerwald ganz idyllisch das Landhaus Bärenmühle. Die einzigen Laute, die der Gast zu hören bekommt, sind das Gluckern des Lengelbachs, das melodische Tirilieren der Waldvögel und das Rauschen der Wälder.

Zum Wellness-Programm gehört auch der Besuch des Saunahauses. Ein anschließender Sprung in den nahen Badeteich sorgt für Abkühlung. Im „Wellnest" beim alten Hühnerhaus werden Yoga und Ayurveda-Massagen angeboten. Eine Wohltat ist der Barfuß-

Die idyllische Bärenmühle am Teich

Spaziergang durch taufrisches Gras. Jedes Jahr findet u.a. in der Bärenmühle an neun Tagen der Literarische Frühling im Lengeltal statt, wo namhafte Literaten und Schauspieler sich ein Stelldichein geben.

Brautpaare erleben hier mit ihren Gästen unvergessliche Stunden. Das Standesamt befindet sich in einer stilvollen historischen Schulscheune, kirchliche Trauungen finden in der Dorfkirche statt. Die Küche zaubert mit nordhessisch-französischem Esprit feinste Köstlichkeiten auf den Tisch. Das süffige Bier ohne Konservierungsstoffe kommt vom Hofbräuhaus aus Bad Arolsen.

LANDHAUS BÄRENMÜHLE · 35110 Ellershausen
Tel. 0 64 55/75 90 40 · info@baerenmuehle.de
www.baerenmuehle.de

Himmelbett und Lagerfeuer
Verbringen Sie doch mal eine Nacht in einem Himmelbett unterm Sternenhimmel in einem wilden Wassergarten. Das verspricht ein

Das Himmelbett unterm Himmelszelt

besonders romantisches Erlebnis. Während Sie die Sterne zählen, knistert in der Nähe das Lagerfeuer. Sollte es draußen ungemütlich werden, lädt das Erdhügelgartenhaus zum Verweilen ein.

Wandeln Sie in unverfälschter Natur mit seltenen Tieren und Pflanzen. Wege sind freigeschnitten, der Rest wächst wild und erinnert ein wenig an einen Urwald. Spazieren Sie zwischen Zwergenduschen und schwebenden Steingärten, vorbei an Geröllgärten, Wasserläufen und Sümpfen. Erleben Sie ein Ambiente im Naturalstil. Genießen Sie ein Schaumbad im Freien bei Kerzenschein oder entspannen Sie in der Sauna. Die Gäste sind völlig ungestört, der Garten ist uneinsehbar.

HIMMELBETT UND LAGERFEUER · Jürgen Neussel
Im Tiefenbach · 35088 Battenberg (Eder) · Tel: 0 64 52/51 51
info@naturalstil.de · www.naturalstil.de

MARBURG

Stadt der hl. Elisabeth und der Romantiker

Die Highlights: Rosige Zeiten im Rosenpark, Elisabethkirche und Elisabethpfad, Haus der Romantik, Seepark Niederweimar, Übernachten im Schlafwagen.

Die altehrwürdige Universitätsstadt Marburg bezaubert die Besucher durch ihre romantische Lage an der Lahn, durch ihre pittoreske Altstadt mit den verwinkelten Gassen, das Landgrafenschloss und die mächtige Elisabethkirche. Genießen Sie den Aufenthalt in einem Fünf-Sterne-Hotel und spazieren Sie durch das Museum im Landgrafenschloss auf den Spuren der Geschichte. Ein ganz besonders

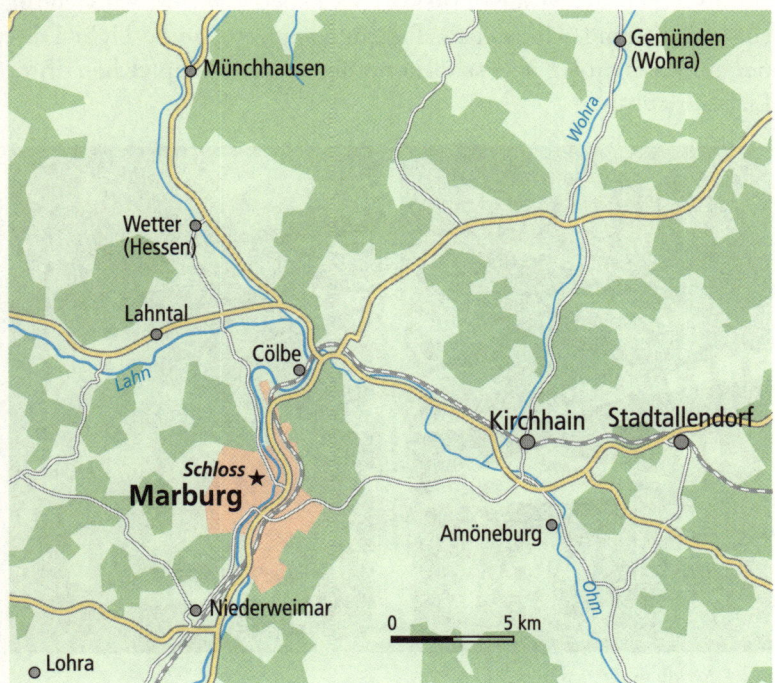

romantisches Erlebnis ist eine Bootsfahrt für zwei bei Kerzenschein auf der Lahn mit der Elisabeth II, einem ehemaligen Ostseekutter aus der Hansestadt Lübeck.

Rosige Zeiten im VILA VITA Hotel Rosenpark

Überraschen Sie Ihre große Liebe doch einmal mit „Rosigen Zeiten", einem romantischen Wochenende im Hotel VILA VITA Rosenpark. Es liegt nicht weit entfernt von Schloss und Altstadt. Falls Sie ganz entspannt mit der Bahn anreisen, werden Sie von der hoteleigenen Limousine abgeholt. Zum Arrangement gehören die Benutzung des Fitnessraums und des Wellness-Bereichs, eine Aromaölmassage und ein Drei-Gänge- sowie ein Vier-Gänge-Menü. Für ganz besonders romantische Tage in Marburg lassen Sie das Zimmer zusätzlich mit Rosenblüten dekorieren, der Sekt liegt im Kühler, zum Naschen stehen süße Früchte ebenso bereit wie die Zutaten für ein wohlduftendes Rosenbad. Ein fünfgängiges Candle-Light-Dinner mit romantischer Tischdekoration ist das i-Tüpfelchen Ihres Liebesurlaubs.

Der Eingang in die Rosigen Zeiten

VILA VITA HOTEL ROSENPARK · Anneliese-Pohl-Allee 7-17
35037 Marburg · Tel. 0 64 21/6 00 50 · info@rosenpark.com
www.rosenpark.com

Die Elisabethkirche

Elisabeth war eine ungarische Königstochter, Gemahlin des thüringischen Landgrafen. Sie war sehr fromm, lebte asketisch und half Armen und Kranken. Später, als ihr Gemahl Ludwig im fünften Kreuzzug starb, wurde die 21-jährige mit ihren drei Kindern von der Wartburg vertrieben und lebte fortan in bitterer Armut. Im Jahr 1231, an ihrem 24. Geburtstag, starb Elisabeth an Entkräftung in dem von ihr gegründeten Hospital. Bereits 1235 wurde sie von Papst Gregor heiliggesprochen und über ihrem Grab wurde eine Kirche errichtet.

Die Elisabethkirche am Fuß des Schlossberges ist die erste gotische Hallenkirche im deutschen Kulturgebiet. Die Bauherren des Kölner Doms nahmen sich die Elisabethkirche zum Vorbild.

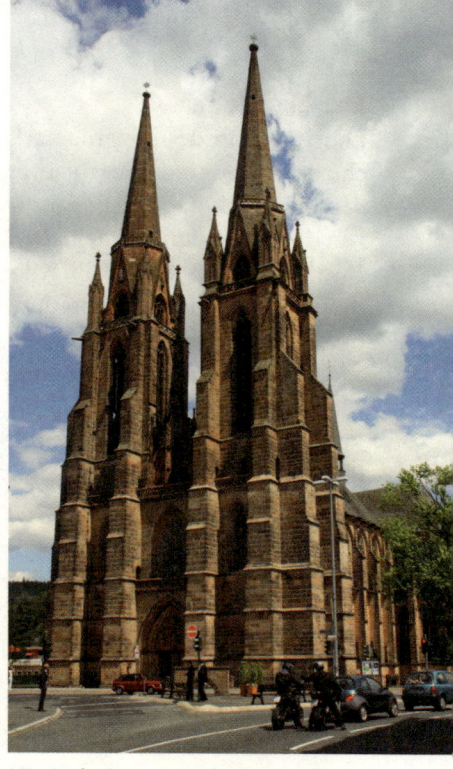

Himmelwärts ragen die Türme der Elisabethkirche, die Vorbild für den Kölner Dom war

Die Kirche ist reich ausgestattet. Zu den Sehenswürdigkeiten gehören das Kruzifix von Ernst Barlach (1931), der goldene Elisabethschrein, der steinerne Hochaltar und das Grab der hl. Elisabeth. Das Elisabethfenster zeigt das Leben Elisabeths. Das Licht der untergehenden Sonne offenbart die künstlerische Raffinesse des Glasfensters aus dem 20. Jahrhundert über der Orgel, wenn ein gewaltiger Lichtstrahl durchs Fenster fällt.

ELISABETHKIRCHE · Elisabethstraße · 35037 Marburg
Tel. 0 64 21/6 55 73 · kuesterstube@elisabethkirche.de
www.elisabethkirche.de

Der Elisabethpfad

Die Tradition des Pilgerns nach Marburg hat die Evangelische Kirche in Hessen und Nassau aufgegriffen und in ökumenischem Geist den Elisabethpfad als Pilgerweg für Gläubige jeglicher Konfession von Frankfurt am Main nach Marburg eingerichtet und spirituell ausgestaltet. Als etwa 150 Kilometer langer Wanderweg soll er zu Besinnlichkeit und Meditation einladen. Der Pfad beginnt an der Deutschordenskirche und dem Deutschordenshaus in Frankfurt-Sachsenhausen. Die Pilger folgen den Spuren der hl. Elisabeth bis Marburg.

ELISABETHPFAD E.V. · Schützenstraße 39 · 35039 Marburg
Tel. 0 64 21/6 56 83 · info@elisabethpfad.de · www.elisabethpfad.de

Landgrafenschloss mit Museum

Schon von weitem ist das mächtige Schloss über der Altstadt von Marburg zu sehen. Vom Marktplatz in der Oberstadt geht es über Gassen und Treppen hinauf zum Schloss.

Um 900 wurde hier eine einfache Burg errichtet. Ab 1140 ließen die neuen Besitzer sie zu einer mächtigen Turmburg umbauen. Weitere Erweiterungs- und Umbauten kamen um 1200 sowie im 13. und 14. Jahrhundert hinzu. 1946 gelangte die Philipps-Universität in den Besitz des Schlosses, heute ein Museum, das besichtigt werden kann (geöffnet Nov. – März Di. – So. 10 – 16 Uhr, Apr. – Okt. Di. – So. 10 – 18 Uhr). Zu bestaunen sind kirchliche Kunst, archäologische Funde, bürgerliches Wohnen und hessische Volkskunde.

Hoch über Marburg erhebt sich das Landgrafenschloss

LANDGRAFENSCHLOSS UND MUSEUM FÜR KULTURGESCHICHTE
Schloss 1 · 35037 Marburg · Tel. 0 64 21/2 82 23 55
museum@verwaltung.uni-marburg.de · www.uni-marburg.de

Haus der Romantik

Es waren berühmte Romantiker wie Bettine und Clemens Brentano, Friedrich Carl von Savigny, Jacob und Wilhelm Grimm, deren Bruder Ludwig Emil Grimm und Karoline von Günderrode, die in den Jahren 1800 bis 1806 mit ihrem Freundeskreis in Marburg wirkten. Das Museum Haus der Romantik erinnert mit seinen Ausstellungen an die Epoche der Frühromantik (Di. – So. 14 – 17 Uhr, Sa. – So. 11 – 13 Uhr). Im Roten Salon ist die Ge-

Der Eingang zur Welt der Romantik

selligkeitskultur um 1800 nachgestellt. Die jungen Romantiker ersehnten Formen menschlichen Umgangs, welche die häusliche und die Berufssphäre zusammenführten, mit dem Ziel, dass die vom Berufsleben ausgeschlossenen Frauen mit den Männern in gleichberechtigter Weise Geselligkeit im umfassenden Sinn lebten.

MARBURGER HAUS DER ROMANTIK · Markt 16 · 35037 Marburg
Tel. 0 64 21/91 71 60 · info@romantikmuseum-marburg.de
www.romantikmuseum-marburg.de

Gute Nacht im Schlafwagen

Eisenbahnfans und Partner aufgepasst: Im Alten Bahnhof in Gemünden wird einmalige Eisenbahnromantik gelebt (geöffnet Mi.–Fr. ab 17 Uhr, Sa. ab 12 Uhr, So. ab 10 Uhr). Hier sind sie alle herzlich willkommen: die Wanderer und Radler, die Biker und die Reiter. Wann haben Sie zuletzt in einem Schlafwagen übernachtet? Das ist Ihnen zu laut und unruhig? Dann wählen Sie doch ein Zwei-Personen-Abteil auf dem alten Gleisbett. Die Schlafwagensaison dauert von März/April bis Oktober.

Eisenbahnfreunde erleben romanti-sche Nächte im Schlafwagen

Der rote Mitropa-Schlafwagen ist 26 Meter lang und mit zehn Abteilen eine der Attraktionen des Alten Bahnhofs. Es stehen aber auch Gästezimmer zur Verfügung. Aus dem ehemaligen Bahnsteig wurde ein mit hohen Bäumen begrünter Biergarten. Ein Triebwagen der Deutschen Bahn wird als Frühstücks- und Speisewagen genutzt.

RESTAURANT UND
HOTEL ALTER BAHNHOF
Bahnhofstr. 1
35285 Gemünden

Tel. 0 64 53/5 95 · info@alter-bahnhof-gemuenden.de
www.alter-bahnhof-gemuenden.de

Mit der Elisabeth II auf der Lahn

Entdecken Sie den Blick auf Marburg direkt von der Elisabeth II aus (öffentliche Rundfahrten April – Okt. Sa., So., Feiertage 15, 16, und 17 Uhr). Der frühere Ostseekutter aus Lübeck wurde lahntauglich gemacht, und so können heute bis zu elf Passagiere zwischen Weidenhäuser und Afföller Wehr ganz besonders schöne Momente auf der Lahn erleben. Wie wäre es mit einer Rundfahrt mit kostümierten Musikern und Klängen wie zu Landgraf Philipps Zeiten? Oder lassen Sie sich bei der Rundfahrt „Spilweib" von alten Sagen berichten und lauschen dabei der Tastenfibel. Während einer anderen Rundfahrt machen Schauspieler an Bord Theater und gehen gern auf den jeweiligen Anlass der Fahrt ein (verliebt, verlobt, verheiratet…). Erzählkünstler unterhalten die Gäste auch gern mit Tiefgründigem, Packendem oder frei Erfundenem. Für gruselige Momente überrascht die Marburger Krimiautorin während einer Rundfahrt mit „Lahnleichen". Nur für Verliebte gibt es eine romantische Fahrt bei Kerzenschein für zwei mit Sekt oder Selters und mehr. Ein- und Ausstieg: Bootsverleih/Ufercafé, Auf dem Wehr 1a.

ELISABETH II
Marburg Tourismus
und Marketing GmbH
Pilgrimstein 26 · 35037 Marburg
Tel. 0 64 21/99 12 13
rahmenprogramme@marburg.de
www.marburg.de
www.lahnschiff-elisabeth.de

Das besondere Erlebnis: eine Fahrt mit der Elisabeth II

WETZLAR UND GIESSEN

♡ ·· ♡ ·· ♡

Auf Goethes Spuren

Die Highlights: Schloss-Hotel in Braunfels, Europas tiefstes Besucherbergwerk, Radtour auf der Hessischen Apfelwein- und Obstwiesenroute.

Wetzlar ist eine Universitätsstadt und lockt die Besucher mit ihrer historischen Altstadt, dem Dom und der Reichsburg Kalsmunt. Verschenken Sie einen Stern; wir verraten, wie's geht. Auch Gießen ist Universitätsstadt, ein Wirtschaftsstandort, beliebte Einkaufsstadt und wie Wetzlar eine Stadt des Sports. Beide Städte verfügen über ein breites Angebot an Sport- und Freizeitvergnügen. Besuchen Sie in Gießen den Botanischen Garten und das Mathematikum und auf Burg Greifenstein das einmalige Glockenmuseum.

Das Schloss-Hotel in Braunfels

Das Schloss-Hotel befindet sich in märchenhafter Lage am Eingang des Kurparks, nicht weit entfernt vom fürstlichen Schloss. Das Hotel ist ein guter Ausgangspunkt für Wanderer, Radfahrer, Golfer, Kanu- und Schlauchbootfahrer. Das Hotel-Personal ist bei der Planung behilflich.

Ausgangsort für viele Unternehmungen: das Schloss-Hotel

Für Anfänger wie Fortgeschrittene ist das Arrangement „Golf in Braunfels" gedacht. Dazu gehören zweimal Green-Fee; Schnupperkurse und Trainerstunden können dazugebucht werden. Wer sich lieber auf der Lahn aufhält, wählt das Arrangement „Entdecken Sie die Lahn". Wählen Sie zwischen verschieden langen Strecken flussabwärts auf der Lahn. Dazu gehören zwei Übernachtungen, Lunchpaket und Abendessen.

Oder radeln Sie am Ufer der romantischen Lahn entlang. Schlösser und Burgen, Kirchen und Klöster zeugen von der langen Kulturgeschichte. Radeln Sie die Lahn abwärts und fahren Sie mit der Bahn zurück. Mieträder können vermittelt werden.

Hochzeitspaare, frisch Verliebte oder Romantiker werden sich in den Turmzimmern wohlfühlen.

SCHLOSS-HOTEL BRAUNFELS · Hubertusstraße 2
35619 Braunfels an der Lahn · Tel. 0 64 42/30 50
info@schloss-hotel-braunfels.de · www.schloss-hotel-braunfels.de

WUNDERSCHÖNES WETZLAR

Goethe und Lotte in Wetzlar

Als junger Jurist absolvierte Goethe, 22-jährig, in Wetzlar ein Praktikum. Bei einem Ball in Volpertshausen lernte er am 9. Juni 1772 „ein Mädchen von schöner Gestalt" kennen, „ein wünschenswertes Frauenzimmer". Es war Charlotte Buff. Sie umsorgte ihre mutterlosen Geschwister und war mit Christian Kestner verlobt, den sie später heiratete.

Mit Lotte vergnügte sich Goethe, spazierte mit ihr am Ufer der Lahn entlang. Der Dichter schwärmte von ihr: „Nein, ich betrüge mich nicht! Ich lese in ihren schwarzen Augen wahre Teilnehmung an mir und meinem Schicksal! Ja, ich fühle, und darin darf ich meinem Herzen trauen, dass sie – o darf ich, kann ich den Himmel in diesen Worten aussprechen? – dass sie mich liebt." Aber wie so oft in seinem Leben hat sich der Dichter einer übermäßigen Liebe durch Flucht entzogen.

Aus Dichtung und Wahrheit komponierte Goethe sein Hohelied der Liebe, den Briefroman „Die Leiden des jungen Werthers". Das Buch erschien 1774, zwei Jahre später, nachdem er Wetzlar und Lotte verlassen hatte, und wurde ein Bestseller.

Auf den Spuren von Goethe und Lotte

Mit diesem Buch in der Hand gehen Verliebte auf eine literarische Reise durch Wetzlar und Umgebung. Ihnen ist zu wünschen, dass ihre Liebe nicht tragisch ende, sondern dauere bis zum Happy End.

Am Kornmarkt 5 steht das 1767 erbaute barocke Gasthaus „Zum römischen Kaiser", zu Goethes Zeiten ein Neubau. Daneben, Kornmarkt 7, besaß Goethe eine kleine Wohnung.

Im Fachwerkhaus, Schillerplatz 5, wohnte Karl Wilhelm Jerusalem, der sich 1772 aus Liebeskummer erschoss. Sein Schicksal und Goethes Erleben verdichten sich in „Die Leiden des jungen Werthers". Die Wohnräume des Unglücklichen dienen als literarische Gedenkstätte, die Goethe-Werther-Bücherei ist hier zu besichtigen (Di. – So. 14 – 17 Uhr).

Hier im Haus lebte der unglückliche Karl Wilhelm Jerusalem

Das barocke Eckhaus, Domplatz 17, war zu Goethes Zeiten das Gasthaus „Zum Kronprinzen". Wenn er nicht bei Lotte weilte, nahm er hier im Kreis junger Juristenkollegen den Mittagstisch.

In der Lottestraße befindet sich der Deutschordenshof. Hier tat Heinrich Adam Buff seine Dienste als Amtmann des Deutschen Ordens. Seine Tochter Charlotte wurde hier 1753 geboren. In der Lottestraße 8–10 befindet sich heute ein Museum (Lottehaus, Di.–So. 10–13 Uhr, 14–17 Uhr).

Auf den Spuren der Bergleute: Grube Fortuna

Mitten im Wald, nördlich von Solms-Oberbiel bei Wetzlar, liegt Europas tiefstes Besucherbergwerk (geöffnet Apr.–Nov. Mi.–So. 10–17 Uhr). Mit dem Förderkorb geht es 150 Meter in die Tiefe und dann weiter mit der Grubenbahn. Bohrhämmer fräsen sich ins Gestein. Das Besucherbergwerk ist Teil des Geoparks Westerwald-Lahn-Taunus. Besuchen Sie auch das Feld- und Grubenbahnmuseum und wandern Sie Hand in Hand auf dem Bergmannspfad rund um die Grube Fortuna.

BESUCHERBERGWERK GRUBE FORTUNA · 35606 Solms
Tel. 0 64 43/8 24 60 · info@grube-fortuna.de
www.grube-fortuna.de

Astronomie live – Die Sternwarte in Burgsolms

Sterne gucken, träumen und sich etwas wünschen – das ist für zwei Verliebte schon ein besonderes Erlebnis. Machen Sie eine faszinierende Reise durch den Weltraum, lassen Sie sich verführen vom Glanz der Sterne und vom Schein ferner Galaxien.

Mehrmals im Jahr gibt es Sonderveranstaltungen, jeden ersten Freitag im Monat (außer in den Sommerferien) finden öffentliche Beobachtungsabende und in loser Reihenfolge ein astronomischer Erfahrungsaustausch statt. Es werden auch individuelle Führungen nach vorheriger Terminvereinbarung durchgeführt.

STERNWARTE BURGSOLMS · Astronomischer Arbeitskreis Wetzlar e. V.
Lindenstraße 11 · 35606 Solms · Tel. 0 64 42/10 39 (Mo. 20 – 21 Uhr)
info@sternwarte-burgsolms.de · www.sternwarte-burgsolms.de

Ich schenk dir einen Stern

Was gibt es Schöneres, als verliebt bis über beide Ohren zu zweit in den nachtblauen Himmel zu schauen und seinen eigenen Stern zu sehen? Verschenken Sie einen Stern, das kostet zwischen 59 Euro und 199 Euro. Der auserwählte Stern wird auf den Namen des Beschenkten getauft. Dazu gibt es eine Urkunde mit seinem Namen und einen Eintrag des Sterns in die Celestial Star Registry. Der Beschenkte erhält mit dem Stern ein Geschenkpaket mit Urkunde, einer CD und einem Foto des Sterns. Alle getauften Sterne sind am Himmel mit bloßem Auge sichtbar.

www.sternkaufen24.de

GIESSEN IM GRÜNEN

Der Botanische Garten in Gießen

Der älteste deutsche Botanische Garten, dessen historische Teile noch immer Bestandteil der aktuellen Anlage sind, geht zurück auf den Amtsgarten am Schlossturm des Landgrafen Ludwig von Hessen-Darmstadt. Im 1609 angelegten hortus medicus gediehen hier Heil- und Giftpflanzen. Heute können die Besucher rund 8.000 Pflanzenarten betrachten, die der Forschung und Lehre von Studierenden der Universität Gießen dienen (geöffnet Mitte März – Ende April und Okt. Mo.–Fr. 8–15.30 Uhr, Sa., So., Feiert. 8–16 Uhr, Mai–Sept. Mo.–Fr. 8–19 Uhr Sept. bis 18 Uhr, Sa., So., Feiert. 8–18 Uhr). An vier Sonntagen im Juni/Juli (11 Uhr) öffnet der Botanische Garten seine Tore für die „Botanischen Konzerte". Ein blindengerecht gestalteter Duft- und Tastgarten bereichert das Angebot für die Besucher.

BOTANISCHER GARTEN DER JUSTUS-LIEBIG-UNIVERSITÄT GIESSEN · Senckenbergstraße 6 · 35390 Gießen
Tel. 06 41/9 93 52 40 · botanischer-garten@bot1.bio.uni-giessen.
www.uni-giessen.de

Der Garten, ein Ort für Wissenschaftler und Verliebte

Das Mathematikum

Das weltweit erste mathematische Mitmach-Museum gibt es seit über zehn Jahren in Gießen (geöffnet Mo. – Fr. 9 – 18 Uhr, Sa., So., Feiert. 10 – 19 Uhr). Hier sind spannende, knifflige und verblüffende Exponate zu erleben. Den Besuchern offenbaren sich mathematische Phänomene. Mathe wird zum Spaß ohne Grenzen.

MATHEMATIKUM · Liebigstraße 8 · 35390 Gießen
Tel. 06 41/9697970 · www.mathematikum.de

Hessische Apfelwein- und Obstwiesenroute

Der Apfel ist eine paradiesische Frucht und der aus ihm gewonnene hessische Apfelwein ein Hochgenuss. Ein Hochgenuss ist auch ein Spaziergang, eine Wanderung oder eine Radtour durch die idyllischen Landschaften der Hessischen Apfelwein- und Obstwiesenroute im Landkreis Gießen. Das Logo dieser Route ist der rote Apfel. Eine Übersichtskarte über die Routen im Landkreis Gießen ist erhältlich im Onlineshop. Die Karte enthält darüber hinaus Angaben zu Direktvermarktern und Gaststätten entlang der Route.

Paradiesische Früchte

HESSISCHE APFELWEIN- UND OBSTWIESENROUTE
Regionalschleife im Landkreis Gießen e. V.
Heuchelheimer Straße 129 · 35398 Gießen · Tel. 06 41/6 28 50
kontakt@obstwiesenroute-giessen.de · www.obstwiesenroute-giessen.de

Glockenmuseum und Barockkirche auf Burg Greifenstein

Als Wegzeichen ragt die doppeltürmige Burg Greifenstein weit ins Land. Hoch über der Burg schwebt der Greif als Wetterfahne im Wind des Westerwalds. Die Burg wurde um 1200 errichtet, mehrmals umgebaut, bis sie verfiel, und dient seit dem 20. Jahrhundert als einmaliges Museum (geöffnet März – Mai, Sept., Okt. Di. – So. 10 – 18 Uhr, Juni – Aug. tägl. 10 – 18 Uhr, Nov., Dez. Sa., So. 12 – 16 Uhr). Unter der Barockkirche befinden sich die gotische Katharinenkirche und die Kasematten. Verliebte und Verlobte können sich in der Barockkirche trauen lassen (Standesamt, Tel. 0 64 49/64 72). In einem ehemaligen Geschützturm ist das Deutsche Glockenmuseum untergebracht. Glocken seit dem 11. Jahrhundert sind hier zu bestaunen und können für ein vielstimmiges Konzert mit Klöppeln angeschlagen werden.

BURG GREIFENSTEIN · Deutsches Glockenmuseum
35753 Greifenstein · verein@burg-greifenstein.net
www.burg-greifenstein.net

Die Türme der Burg

LIMBURG UND WEILBURG

An der lieblichen Lahn

Die Highlights: Limburger Dom, grillen und chillen mit dem BBQ-Donut auf der Lahn, Lahnwanderweg, Weilburger Schloss und Weilburger Schiffstunnel.

Ihr romantisches Hotel steht in der Fürstenstadt Hadamar, nördlich von Limburg. Nach dem Besuch von Hessens schönstem Sakralbau, dem Limburger Dom, bummeln Sie durch die Altstadt mit ihren verwinkelten Gässchen und den zahlreichen Bistros, Cafés, Restaurants und zahlreichen Geschäften mit einem vielfältigen Angebot an schönen Dingen. Auf den Spuren einer Prinzessin lustwandeln Sie durch Weilburgs Schloss und Park oder radeln entlang der lieblichen Lahn. Und das gibt's nur einmal in Deutschland: die Kubacher Kristallhöhle.

Das Hotel ist ein Ensemble zweier historischer Bauwerke

Ringhotel Nassau-Oranien in der Glasstadt Hadamar

Das Hotel im modernen Landhaustil ist Ausgangspunkt für viele schöne Ausflüge, auch nach Limburg und Weilburg. Kulinarische Genüsse finden Sie in den denkmalgeschützten Restaurants (geöffnet 12 – 14 Uhr, 18 – 22 Uhr) und auf der Dachterrasse. Für einen abwechslungsreichen und erholsamen Kurzurlaub sorgen außerdem die Tiffanybar, die neu erbaute Lounge- und Hirschbar, der Spa-Bereich mit Schwimmbad, Dampfbad, Whirlpool und Sauna sowie der Wellness-Bereich „Sensis".

Das Arrangement „Kuschelzeiten" ist speziell für Verliebte gedacht und bietet neben einem romantischen Aufenthalt mit Candle-Light-Dinner Behandlungen im Partnerraum an. Andere Arrangements des Hotels klingen ebenso vielversprechend: „Kuscheln zu zweit", „Mami in spe", „Shadiva of India", „Liebesgeflüster" und „Für Feinschmecker". Ein Stadtbummel durch Hadamar findet einen romantischen Höhepunkt im Besuch des Rosengartens auf dem Herzberg.

Nach dem Zweiten Weltkrieg siedelten sich viele böhmische Glaskünstler in Hadamar an. Das Glasmuseum Schloss Hadamar (geöffnet Sa., So. 14–17 Uhr) präsentiert die Vielfältigkeit der Glaskunst in den prächtigen Fürstenräumen.

tourismus@hadamar.de · www.hadamar.de

HOTEL NASSAU-ORANIEN · Am Elbbachufer 12 · 65589 Hadamar
Tel 0 64 33/91 90 · info@nassau-oranien.de · www.nassau-oranien.de

LIMBURG AN DER LAHN

Der Limburger Dom St. Georg

Der siebentürmige Dom ist ein Abbild des himmlischen Jerusalem

Namensgeber ist der heilige Georg (Gedenktag 23. April). Der Legende nach lebte ein Drachen in einem libyschen See, dem schon alle Jungfrauen geopfert worden waren. Zu seiner Besänftigung sollte nun auch die Königstochter geopfert werden. Georg hörte davon und versprach dem ängstlichen Volk, den Drachen zu töten, wenn es sich zum Christentum bekennen wollte. So geschah es.

Die Architektur des Doms aus dem 10. Jahrhundert vereinigt die massive Bauweise der rheinischen Romanik mit dem hohen, hellen Innenraum der Gotik. Der prächtige Dom mit seiner geschmückten Fassade symbolisiert mit seinen Türmen das siebentürmige himmlische

Jerusalem (Führungen Di. – Fr. 11 und 15 Uhr, Sa.11 Uhr, So. 12 Uhr).

Der Dom ist reich an sakralen Symbolen: Die Anzahl der Türme entspricht der Zahl der Sakramente. Die Zahl Sieben besteht aus Drei und Vier – drei göttliche und vier weltliche Tugenden. Und drei mal vier ergeben zwölf – wie zwölf Apostel und zwölf israelische Stämme.

Im Innern der Kirche beeindrucken großartige Malereien, die den damaligen nichtlesenden Menschen die Botschaften der Heiligen Schrift erklärten. Auch die Glasfenster aus dem 20. Jahrhundert des Chors nehmen Bezug auf die Passions- und Heilsgeschichte. Sehenswert ist auch die Grabplatte im Nordquerhaus von Konrad Kurzbold, der 948 starb und wie ein Heiliger verehrt wurde.

DOM ST. GEORG · Domplatz · 65549 Limburg · Tel. 0 64 31/9 29 79 90
info@bistumlimburg.de · www.limburgerdom.de

Lahnwanderweg, wandern und radeln

Der Lahntalwanderweg ist reich an überwältigenden Aussichten, reich an Erlebnissen und unberührter Natur. Der gesamte Weg ist 290 Kilometer lang und führt von der Lahnquelle über Marburg, Wetzlar, Weilburg, Limburg und Bad Ems nach Lahnstein am Rhein.

www.lahnwanderweg.com · www.lahnwanderweg.de

Wir schlagen eine gut sieben Kilometer lange Wanderung mit festem Schuhwerk von Diez-Hauptbahnhof nach Balduinstein vor. Zuvor sollten Sie dem Diezer Schloss Oranienstein mit dem Museum Nassau-Oranienburg einen Besuch abstatten (Führungen Apr. – Okt. Di. – Fr. 9, 10.30, 14, 15.30 Uhr, Sa. und So. nach Anmeldung bis Fr. 16 Uhr). www.museumdiez.de

Blick vom Lahnwanderweg auf Lahntal

Entlang des romantischen Wegs kommen Sie vorbei an einem Holzpavillon und können hier ein Picknick einlegen. Von diesem Ort genießen Sie einen tollen Blick auf Fachingen und den barocken Mineralbrunnen. Später passieren Sie eine Grillhütte und die Aussichtspunkte Franzosenlay und Katzenkopp mit Panoramablick auf die Lahnschleife von Balduinstein. Weiter führt der Weg, bis Sie die Bahnhofstraße in Balduinstein erreichen. Mit der Bahn geht es zurück.

Auch der Lahntalradweg (Start an der Alten Lahnbrücke) ist hervorragend ausgebaut. Er ist ein Vier-Sterne-Weg, nicht allzu anstrengend und führt fast immer entlang der malerischen Lahn.

info@lahn-taunus.de · www.lahn-taunus.de

BBQ-Donuts – grillen und chillen auf der Lahn

Was sind das bloß für große leuchtend orange Dinger auf der Lahn? Es sind runde Grillboote, BBQ-Donuts genannt, sehr gut geeignet für einen ausgefallen romantischen Ausflug auf der Lahn (Saison Ende März – Sept., Reservierung ist erforderlich). Und das

Das besondere Vergnügen auf der Lahn

erwartet Sie: In der Mitte des BBQ-Donuts brutzeln auf dem rauch-armen Grill Steaks und Würstchen, während Sie bequem sitzen, einen kühlen Drink in der Hand, und langsam auf dem Fluss dahingleiten. Der Elektroaußenbordmotor kann von jedermann bedient werden. Maximal zehn abenteuerlustige Menschen haben auf einem BBQ-Donut Platz und können während der Fahrt chillen, grillen, essen, trinken und Spaß haben. Eigenes Grillgut kann mitgebracht werden, aber keine Getränke. Verliebte genießen im BBQ-Donut die Einsamkeit und den Sonnenuntergang.

WASSERFEST · fließend.feste.feiern · Eschhöferweg
Schiffsanleger/Bootsverleih · 65549 Limburg · Tel. 01 76/63 30 10 33
info@wasserfest.de · www.wasserfest.de

WEILBURG AN DER LAHN

Das Schloss Weilburg
Eines der bedeutendsten Barockschlösser, das Schloss Weilburg, erstreckt sich über 400 Meter auf einem Bergsporn über der Lahn. Im

Schloss Weilburg thront über der Lahn

18. Jahrhundert erhielt das Residenzschloss eine barocke Neugestaltung und Erweiterung.

Die Anlage des Schlosses, das sich um den Hof gruppiert, an den sich der Marktplatz anschließt, ist eine großartige Sehenswürdigkeit. Es empfiehlt sich eine Schlossführung – eine andere Möglichkeit, die Räume zu besichtigen, gibt es nicht (Führungen März – Okt. Di.–So. 10–16 Uhr, Nov.–Feb. bis 15 Uhr). Der Schlossgarten ist immer bis zum Einbruch der Dunkelheit geöffnet. Das ganze Schloss ist ein Museum.

Der Wirtschaftshof ist heute das Schlosshotel mit dem Restaurant „Alte Reitschule" (Langgasse 25, geöffnet tägl. 17–24 Uhr, Mo. ab 17.30 Uhr). Im Juni und Juli finden die berühmten Weilburger Schlosskonzerte statt.

SCHLOSS WEILBURG · Schlossplatz 3 · 35781 Weilburg
Tel. 0 64 71/9 12 70 · tourist-info@weilburg.de · www.weilburg.de
www.schloesser-hessen.de · www.weilburger-schlosskonzerte.de

Henriettes Abschied von Weilburg

Erzherzog Carl Ludwig Johann Joseph Laurentius von Österreich, Herzog von Teschen, war ein erfolgreicher Feldherr. Als Generalissimus besiegte er Napoleon in den Schlachten bei Aspern und Wetzlar. Nach dem Sieg der Koalition gegen Frankreich wurde der Erzherzog Gouverneur der Festung Mainz. Hier lernte er die 17-jährige Henriette Alexandrine Friederike Wilhelmine Prinzessin von Nassau-Weilburg kennen und lieben. Die Hochzeit sollte am 17. September 1815 in Weilburg stattfinden.

Am Vorabend des großen Ereignisses, dem Henriette mit freudigem Bangen entgegensah, verließ sie heimlich das Schloss. Sie wollte noch einmal all die herrlichen Sehenswürdigkeiten Weilburgs sehen, Abschied nehmen von Schloss und Stadt, weil sie ihr geliebtes Weilburg nach der Hochzeit verlassen musste, um ihrem Mann nach Wien zu folgen. Begleitet wurde die Prinzessin von ihrer ehemaligen Kinderfrau.

Zur Erinnerung an Henriettes nächtlichen Ausflug werden heute Kostümführungen, die Henriettenführungen (Termine auf Anfrage: Tel. 0 64 71/3 14 67, tourist-info@weilburg.de), veranstaltet.

Der Nordflügel des Weilburger Schlosses

Die Kubacher Kristallhöhle

Ein paar Kilometer südöstlich von Weilburg liegt bei Kubach die einst in Vergessenheit geratene Kristallhöhle, die heute einen spannenden Ausflug in die Erdgeschichte bietet (geöffnet Ende März–Anfang Nov. Mo.–Fr. 15–17 Uhr, Sa. und So. 10–17 Uhr). Steile Treppen führen hinab und die Besucher erfahren, dass die mit Kristallen und Perltropfsteinen geschmückte Höhle aus der Eiszeit stammt. Die höchste Stelle der Höhle ist unter der Erde 30 Meter hoch. Damit ist sie die höchste Halle aller deutschen Schauhöhlen. Restaurant, Bistro, Café und Biergarten über Tage sorgen fürs leibliche Wohl.

KUBACHER KRISTALLHÖHLE · Auf dem Kalk 1
35781 Weilburg-Kubach · Tel.: 0 64 71/9 40 00
www.kubacherkristallhoehle.de

Mit dem Kanu in den Weilburger Schiffstunnel

Die Lahn gehört zu den romantischsten Flüssen für Wasserwanderer. Der Weg von Weilburg bis Limburg führt vorbei an unberührter Natur, Kanuten finden entlang des Flusses zahlreiche Rastplätze – willkommene Gelegenheit für ein romantisches Picknick. Eine Liste der Rastplätze und Ein- und Ausstiegsstellen gibt es beim Lahntal Tourismus Verband. Ein besonderes Erlebnis ist die Einfahrt in den einzigartigen, 195 Meter langen Weilburger Schiffstunnel.

info@daslahntal.de · www.daslahntal.de

Der Weilburger Schiffstunnel

Wer kein eigenes Kanu besitzt, leiht sich eines bei der Tourist-Information Weilburg, Tel. 0 64 71/3 14 67, oder unter:

tourist-info@weilburg.de
www.weilburg.de
www.weilburger-boote.de

BAD HOMBURG V. D. HÖHE
UND DER TAUNUS

Geschichte und Gesundheit

Die Highlights: Naturpark Hotel Weilquelle, Landgrafenschloss und Schlosspark, Wellness im Kur Royal Spa, Horex Museum, Freilichtmuseum Hessenpark.

Bad Homburg ist eine internationale Kurstadt. Daran erinnern die russische Kirche, zwei „Thai Sala" und die englische Kirche. Die Engländer brachten Tennis und Golf nach Bad Homburg. Über dem Kurbad, in dem ein weltberühmter Hut, der Homburg, erfunden wurde, thront eine mächtige Festung der Römer, die Saalburg. Apfelwein-Feinschmecker besuchen in Weilrod das erste deutsche ApfelWeinBistrorant in der Nähe des Weiltalrad- und Wanderwegs. Und Verliebte, Verlobte und Verheiratete schweben mit Helikopter oder Ballon in den Siebten Himmel.

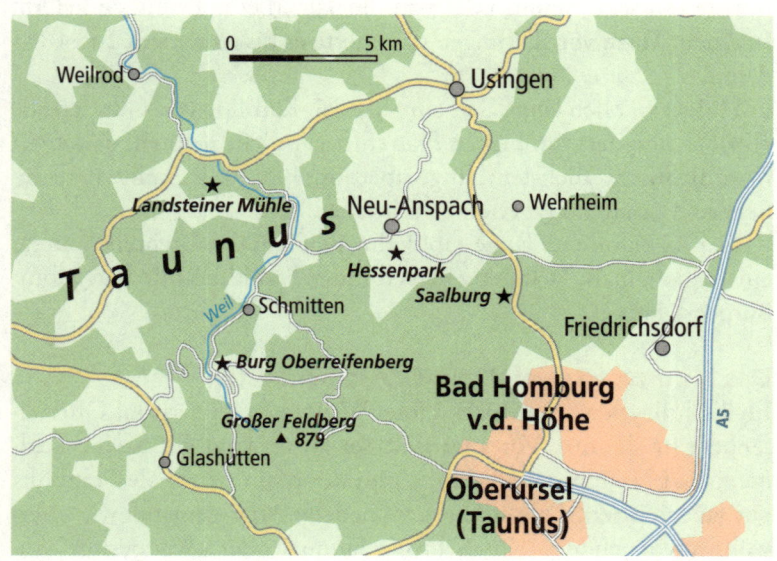

Hölderlin und Diotima

„Sie ist so schön wie ein Engel. Ein zartes geistiges himmlisch reizendes Gesicht! Ach! ich könnte ein Jahrtausend lang in seliger Betrachtung mich und alles vergessen, bei ihr, so unerschöpflich reich ist diese anspruchslose Seele …" So schwärmte Johann Christian Friedrich Hölderlin von Diotima.

Im Dezember 1795 trat Hölderlin, 25 Jahre alt, in Frankfurt bei Herrn Gontard und seiner Gattin Susette im Großen Hirschgraben seine Stelle als Hauslehrer an. Susette war 27 Jahre alt, Mutter von vier Kindern und seit zehn Jahren mit Gontard verheiratet. Susette und Hölderlin entflammten in Liebe; er nannte sie in seinen Gedichten Diotima.

Die Haushälterin, die selbst gerne Hölderlin an ihrer Seite gehabt hätte, verriet das Paar. Gontard tobte, Susette brach zusammen. Im September 1798 verließ Hölderlin Frankfurt und ging nach Homburg. 1799 erschien der zweite Band von Hölderlins „Hyperion". Heimliche Treffen zwischen Hölderlin und Diotima fanden statt. 1802 starb Diotima an Röteln. Auch der Dichter wurde krank. 1806 musste ihn sein Freund Isaac von Sinclair in eine Klinik einliefern. In einem Turm von Tübingen dämmerte er bis zu seinem Tod 1843 dahin.

Hölderlin blieb lange Zeit ein Skandal. Karoline von Günderrode schrieb: „Ich darf ihn hier in Frankfurt gar nicht nennen, da schreit man die fürchterlichsten Dinge über ihn, bloß weil er eine Frau geliebt hat, um den Hyperion zu schreiben."

Der 22 Kilometer lange Hölderlin-Pfad auf des Dichters Spuren, ein Regionalpark-Wanderweg, verbindet Frankfurt mit Bad Homburg v. d. Höhe.

Das Naturpark Hotel Weilquelle in Schmitten

Idyllisch liegt das Naturpark Hotel Weilquelle im Ortsteil Oberreifenberg im Taunus. Von hier sind der Große und der Kleine Feldberg, Bad Homburg v. d. Höhe und die Mainmetropole Frankfurt gut zu erreichen. Es werden verschiedene Arrangements wie „Verwöhnwochenende", „Kuscheln im Taunus" oder „Wanderlust" an-

Das idyllisch gelegene Naturpark Hotel Weilquelle

geboten, mit Sauna, Sekt und Candle-Light-Dinner. Das Restaurant bietet drinnen und draußen auf der Terrasse saisonale und kulinarische Spezialitäten. Das traumhafte Ambiente des Naturpark-Hotels Weilquelle gehört übrigens mit zu den schönsten Hochzeits-Locations in Deutschland.

Einen besonderen kulinarischen Genuss verspricht der Besuch des Refectoriums, wo den Gästen echte römische Speisen des berühmten Feinschmeckers Apicius stilvoll serviert werden.

Direkt vom Hotel führen markierte Rad- und Wanderwege durch den Taunus, Skipiste und Lift befinden sich direkt am Hotel; Golf, Reiten, Tennis machen den Aufenthalt zu einem abwechslungsreichen Erlebnis.

Und wenn Sie einmal einen winterlichen Ausflug planen, um der Liebsten einen Schneemann zu bauen: Auskunft gibt das Schneetelefon unter 0 61 71/50 78 17.

NATURPARK HOTEL WEILQUELLE · Limesstraße 16
61389 Schmitten-Oberreifenberg · Tel. 0 60 82/97 00
weilquelle@naturparkhotel.de · www.naturparkhotel.de

Das Landgrafenschloss

Der Eingang zum Schloss an der Dorotheenstraße

Bevor Landgraf Friedrich II. ab 1680 auf der Anhöhe ein barockes Schloss errichten ließ, stand hier seit dem 11. Jahrhundert eine Burg mit zwei Höfen und einem hohen Bergfried. Der obere Schlosshof ist an drei Seiten bebaut, nach Westen geht der Blick über die Mauer zum Schlosspark und zu den Taunusbergen hinüber.

Inmitten des Hofs erhebt sich der freistehende Weiße Turm. Zwischen 1368 und 1375 erbaut, war er der Bergfried der Hohenburg. Als der Prinz, der spätere Landgraf Friedrich IV., 1818 die vermögende englische Prinzessin Elizabeth heiratete, ging der Wunsch des Prinzen, einen „Salon für vierzig Personen im großen Tannenwald" zu besitzen, in Erfüllung. Seit 1823 steht im Tannenwaldweg 3 das Gotische Haus, heute ein Museum.

www.bad-homburg.de

Nach 1866 gehörte Homburg zu Preußen. Das Schloss war jetzt Sommerresidenz der preußischen Könige, die ab 1871 zugleich deutsche Kaiser waren. Besucher erleben während einer Führung (geöffnet März–Okt. Di.–So. 10–17 Uhr, Nov.–Febr. bis 16 Uhr) durch das Schloss eine Zeitreise durch die Kaiser- und Landgrafenzeit. Barockgarten und Schlosspark sind bis zum Anbruch der Dunkelheit frei zugänglich.

LANDGRAFENSCHLOSS · 61348 Bad Homburg v. d. Höhe
Tel. O 61 72/9 26 21 48 · info@schloesser.hessen.de
www.bad-homburg-tourismus.de
www.badhomburger-schlosskonzerte.de

Kur Royal – ein königliches Vergnügen

Einst waren es Kaiser, Könige und Fürsten, die sich im Kaiser-Wilhelms-Bad mit Mineralbädern und Heilton behandeln ließen. Heute steht diese bezaubernde Welt allen zur Verfügung. In zwei bis zwölf Stunden genießen die Besucher zum Beispiel Rasul, ein orientalisches Reinigungs- und Pflegeritual, Heudampfbäder und Ayurveda-Behandlungen. Dazu werden verschiedene wohltuende Bäder wie das Louisenbad double, Massagen und Packungen angeboten (tägl. 10 – 22 Uhr).

KUR ROYAL DAY SPA · Kaiser-Wilhelms-Bad im Kurpark
61348 Bad Homburg v. d. Höhe · Tel. O 61 72/1 78 31 78
info@kur-royal.de · www.kur-royal.de

Das Horex Museum

Ein spannender Ausflug für Motorradfahrer und ihre Beifahrerinnen ist der Besuch des Horex Museums (geöffnet Mi. 10 – 14 Uhr, Sa., So. 12 – 18 Uhr). Der spektakuläre Museumsbau südlich vom Hauptbahnhof, wo früher die Horex-Werke standen, ähnelt dem Äußeren eines Zylinderkopfs. Zu bewundern sind historische Hochräder, Vorläufer der Fahr- und Motorräder und Objekte der Marke REX, die Bestandteil des Markennamens wurde. Im Museum werden halbjährlich Modellwechsel vollzogen. Stets dabei: die Horex Regina, die Königin – und das erfolgreichste Motor-

Nicht nur für Motorradfahrer eine Sehenswürdigkeit: das Horex Museum

rad seiner Zeit. Im Jahr 1960 wurde das Werk geschlossen und 2010 die neue Horex-Manufaktur gegründet. Seit Sommer 2012 gibt es die HOREX VR6 Roadster.

HOREX MUSEUM · Horexstraße 6 · 61352 Bad Homburg v. d. Höhe
Tel.0 61 72/1 01 31 67 · museum@bad-homburg.de
www.bad-homburg.de/museum

Kaiser Antoninus Pius

Das Römerkastell Saalburg

Oberhalb von Bad Homburg v. d. Höhe liegt das Kastell an einem Taunuspass. Die 550 Kilometer lange römische Grenzanlage Limes vom Rhein bis zur Donau ist mit der Saalburg, dem einzigen rekonstruierten Kastell, zum Weltkulturerbe der UNESCO ernannt worden.

Die erste Anlage zur Sicherung des Limes bestand aus einem Holzkastell und zwei Schanzen. Um 135 n. Chr. wurde das Kastell vergrößert und dann stetig erweitert. Aus bis zu 600 Fußsoldaten und Reitern bestand die Besatzung des Kastells. In der Außensiedlung lebten und arbeiteten bis 1.500 Menschen.

Im Jahr 259/260 wurde der Limes von den Alemannen überwunden und die Saalburg erobert. Langsam zerfiel das Kastell, diente als Steinbruch. Erst im 19. Jahrhundert begannen die Forschungen und Ausgrabungsarbeiten. Kronprinz Wilhelm, der sommers mit seinen Eltern im ehemaligen Landgrafenschloss in Homburg weilte, förderte als Kaiser Wilhelm II. die Rekonstruktion des Kastells.

Wehranlagen, Gebäude und die unzähligen Ausstellungsstücke lassen die Römerzeit zum Erlebnis werden (geöffnet März–Okt. tägl. 9–18 Uhr, Nov.–Febr. Di.–So. 9–16 Uhr). Im Museumscafé „Taberna" werden auch antike Speisen aufgetischt.

RÖMERKASTELL · Archäologischer Park · Am Römerkastell 1
61350 Bad Homburg v. d. Höhe · Tel. 0 61 75/9 37 40
info@saalburgmuseum.de · www.saalburgmuseum.de

Das Freilichtmuseum Hessenpark

Inmitten einer waldreichen Hügellandschaft liegt Neu-Anspach mit dem Freilichtmuseum Hessenpark. Hier können Besucher die bäuerlich-handwerkliche Vergangenheit des Hessenlandes erleben (geöffnet März–Okt. tägl. 9–18 Uhr, Nov.–Febr. Sa., So., Feiert. 10–17 Uhr). Bis heute sind hier über 100 Originalgebäude wieder aufgebaut worden, die an ihrem ursprünglichen Standort nicht mehr erhalten werden konnten.

Im Hessenpark werden Wiesen, Weiden und Felder landwirtschaftlich genutzt. Bäcker, Korbmacher, Töpfer, Weber und Schmiede zeigen ihre alte Handwerkskunst. In den Hoflä-

Die Fachwerkkirche wurde 1624 in Niedermörlen erbaut

den gibt es viele landwirtschaftliche und handwerkliche Produkte zu kaufen. Das Wirtshaus „Zum Adler" stand seit 1712 in Fürth im Odenwald. Nun steht es im Hessenpark, und hier werden so feine Sachen aufgetischt wie Schmunzel, Storzeniere, Häppchen, Flammbloatz, Dukes und Scheppklies.

Die Kirche in Niedermörlen wurde 1973 abgebaut und ein Jahr später im Hessenpark wieder aufgebaut. Im Innern stützen marmorierte Balken die rundherum laufenden Emporen. Die Brüstungen sind bemalt und zeigen Evangelisten, Apostel und Szenen aus dem Leben von Jesus. Auf der Stuhlverkleidung hinter dem Altar weist eine Inschrift aus dem Jahr 1774 auf den Stifter Johann Peter Jödt hin.

FREILICHTMUSEUM HESSENPARK · Laubweg 5 · 61267 Neu-Anspach
Tel. 0 60 81/58 80 · service@hessenpark.de · www.hessenpark.de

Restaurant Landsteiner Mühle, Weiltal

Eine Mühle in Landstein wird um 1500 erstmals erwähnt. Am 28. Februar 1652 kam die Meldung: „Die Landsteiner Mühl ist übern Haufen gefallen, keine Scheuer stehet mehr…" Aber sie wurde wieder aufgebaut, dann 1957 endgültig stillgelegt und dient seitdem als Gasthaus, seit 2007 als erstes ApfelWeinBistrorant (saisonal bedingte Öffnungszeiten, zu erfahren übers Internet oder per Telefon). Hier wird dem Apfel allergrößte Ehre erwiesen. Er wird hier angebaut, geerntet, gekocht, geschmort, gebacken, gekeltert … Eine Ferienwohnung steht den Gästen in Weilrod-Altweilnau, keine 500 Meter vom Weiltalrad- und -wanderweg entfernt, zur Verfügung.

LANDSTEINER MÜHLE · Landstein 1 · 61276 Weilrod
Tel. 0 60 83/3 46 (Restaurant und Ferienwohnung)
mehlbox@landsteiner-muehle.de · www.apfelweinbistrorant.de

Helikopterflüge und Ballonfahrten

Eine Hochzeit ist ein besonderes Ereignis. Der Helikopter fliegt die Brautleute zur Kirche und die Gäste staunen, wer da plötzlich vom

Siebten Himmel herabschwebt. Vielleicht besorgen aber auch die Gäste den Helikopter und überraschen die Brautleute vor der Kirche damit.

Während die Frischvermählten in den Siebten Himmel aufsteigen, fahren die Gäste mit ihren Autos zur Party. Nach diesem Traumstart in die Ehe treffen sich alle wieder zum Feiern.

Helikopterflüge, Info-Tel. 0 80 00/35 93 59 oder unter:
info@helifliegen.de · www.helifliegen.de

Oder wie wäre es mit einem Antrag in einem Heißluftballon hoch über dem Taunus? Zwischen Mai und September fahren die Ballons von Idstein, Bad Camberg, Usingen, Limburg, Weilburg, Wetzlar, Gießen, Marburg und Weidenhahn im Westerwald. Weil der Ballon nur startet, wenn vier bis fünf Personen an Bord gehen, nehmen Sie vielleicht gleich Ihre zukünftigen Trauzeugen mit an Bord.

www.lahntal-ballonteam.de

WIESBADEN UND SEINE UMGEBUNG

Badespaß und Naturgenuss

Highlights: Hofgut Georgenthal im Taunus, die Bar Dostojewski in Wiesbaden, der attraktive Neroberg mit der russischen Kirche, Opelbad und Opelbad-Restaurant.

Die Landeshauptstadt Hessens liegt malerisch an Rhein und Taunus. Kelten, Römer und Germanen haben ihre Spuren hinterlassen. Wo heute in der eleganten Kaiser-Friedrich-Therme die Besucher Entspannung, Ruhe und Erholung finden, hatten bereits die Römer ein Schwitzbad errichtet. Aufregend kann der Besuch der Spielbank in Wiesbaden werden. Der Neroberg ist ein außergewöhnlich attraktiver Ort, am schönsten mit der Nerobergbahn zu erklimmen. Ein Spaziergang durch den Kletterwald bietet ein Naturerlebnis besonderer Art.

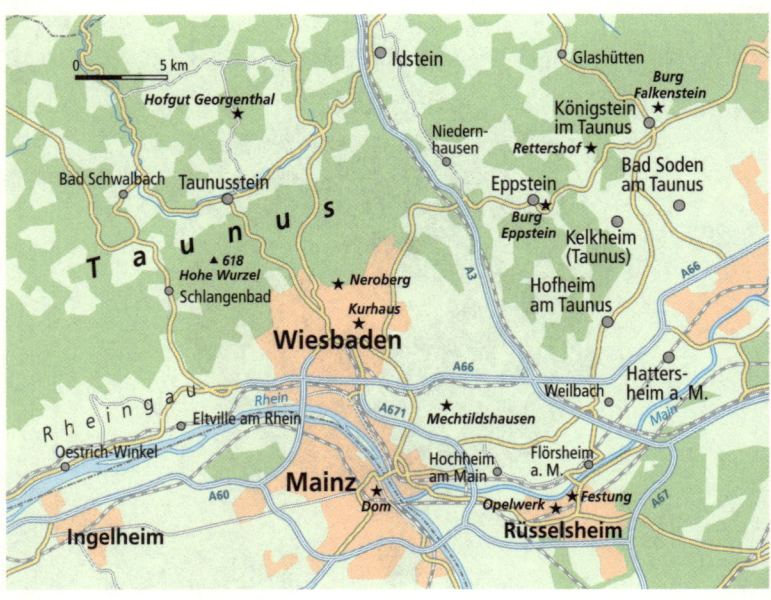

Aus dem Zehnthof ist ein Sterne-Hotel geworden

Hofgut Georgenthal im Taunus

Der liebevoll renovierte Zehnthof aus dem 17. Jahrhundert in herrlicher Alleinlage im sanfthügeligen Untertaunus ist ein wunderbarer Ort für einen kürzeren oder längeren Aufenthalt und für romantische Hochzeitsfeiern. Der hoteleigene Hochzeitspavillon steht direkt am Weiher.

Das Vier-Sterne-Superior-Hotel ist eines der besten Landhotels Deutschlands. Hier werden die Gäste in einem exklusiven Beauty Spa verwöhnt. Sauna, feiner, kleiner mediterraner Pool, Fitnessraum, Sonnenterrasse und Liegewiese mitten in der Natur runden das Entspannungsprogramm ab.

Das Restaurant „Giorgios" mit der Sommerterrasse (geöffnet Mi., Do. 18–23 Uhr, Fr.–So., Feiert. 12–15 Uhr, 18–23 Uhr) umsorgt Sie mit regionalen, saisonalen und mediterranen Speisen. Die trendige Kaminlounge und Bar (Sommerlounge im Innenhof) mit dem sensationellen Panoramablick lädt nach dem Frühstück auf einen Plausch bei Cappuccino oder abends auf einen regionalen Obstbrand ein.

Hier im wunderschönen Taunustal gibt es inmitten des Naturparks Rhein-Taunus viele Wander- und Radwanderwege. Auf dem Limes-Rundwanderweg des UNESCO-Welterbes können Sie das Hofgut umrunden.

HOTEL HOFGUT GEORGENTHAL · Georgenthal 1 · 65329 Hohenstein
Tel. 0 61 28/94 30 · info@hofgut-georgenthal.de
www.hofgut-georgenthal.de

Aus dem Tudor-Schloss ist ein feines Hotel geworden

Das Schlosshotel Rettershof in Kelkheim

Ausgangsort für Ausflüge nach Wiesbaden und in den Taunus kann auch der Rettershof sein. Das Ensemble mit dem Schloss im Tudor-Stil und dem Hofgut lockt jährlich Tausende von Besuchern in die Talaue des Rettershofer Bachs. Ein Prämonstratenserkloster an dieser Stelle wurde 1146 erstmals urkundlich erwähnt. Im Jahr 1884 kaufte Frederik Arnold Rodewald das ehemalige Kloster und ließ ein Schloss im englischen Landhaustil erbauen.

Das bemerkenswerte Bauwerk wurde 1983 saniert und durch einen Anbau in ein elegantes Hotel mit À-la-carte-Restaurant (geöffnet tägl. 12–14 Uhr, 18.30–22 Uhr) verwandelt. Für zwischendurch lockt im Sommer die Sonnenterrasse mit Kaffee und hausgemachtem Kuchen oder die Schloss-Hütte mit kleinen Leckereien wie Flammkuchen und Bärlauchbratwurst.

Sie spielen Golf? Dann ist das Arrangement „Feel-Good-Tage" mit Wellness und feinem Essen das Richtige für Sie. Im Jahr finden verschiedene Dinner-Shows statt, beispielsweise die kubanische Nacht „La Pasion de Cuba", eine Buena Vista Musicshow aus Havanna mit einem kulinarischen Drei-Gang-Menü. Freunde italienischer Küche und italienischer Oper entscheiden sich für die Dinner-

Show „Serenata Italiana mit Opera et Cetera". „Fine Dine @ Home"
bringt zu Ihnen nach Hause die Crew des Restaurants „Retter's" und
kocht für Sie in Ihrer Küche ein Candle-Light-Dinner für zwei oder
auch für mehrere Gäste.

Die Spielbank Wiesbaden

Das prächtige Gebäude des
Kurhauses wurde zwischen 1904
bis 1907 errichtet. Neben einer
ausgezeichneten Gastronomie
im Restaurant Joker'S mit der
gleichnamigen Bar (geöffnet
tägl. 18–1 Uhr; Restaurant-
Reservierungen Tel. 06 11/53
62 00) ist hier auch die Spielbank zu Hause.

Automatenhalle

Das Klassische Spiel umfasst Französisches Roulette, American
Roulette, TouchBet-Roulette, Black Jack und Poker (geöffnet tägl.
14.45– 3 Uhr, Fr., Sa., vor Feiertagen bis 4 Uhr). In den Kurhaus-
Kolonnaden warten über 180 Automaten auf Günstlinge des Glücks
(geöffnet tägl. 12–4 Uhr). Von der Bar K1, die auch besucht werden kann, ohne zu spielen, haben die Besucher einen guten Blick auf
die wohl schönste Automatenhalle Deutschlands (geöffnet tägl.
14.45–4 Uhr).

Die Spielbank Wiesbaden ist eines der schönsten, traditions-
reichsten und niveauvollsten Casinos der Welt. Deshalb kommen
die Gäste auch in gepflegter Kleidung, die Herren in Hemd und
Jackett, gerne auch mit Krawatte oder Fliege. Ein Lichtbildausweis
ist vorzulegen. Das Casino ist geschlossen an folgenden Tagen: Kar-
freitag, 1. Mai, Fronleichnam, Totensonntag, Volkstrauertag, 24.
und 25. Dezember.

SPIELBANK WIESBADEN GMBH & CO. · Kurhausplatz 1
65189 Wiesbaden · Infoline: 0611/53 61 00
info@spielbank-wiesbaden.de · www.spielbank-wiesbaden.de

Dostojewski-Büste im Kurpark, ein Geschenk des Bildhauers Gabriel Glikman

Dostojewski und die Bar 1486

Dostojewski war einst der Namensgeber der Bar im Radisson Blu Hotel Schwarzer Bock, Kranzplatz 1, in Wiesbaden. Heute heißt die „Bar 1486" – in jenem Jahr wurde der „Schwarze Bock" als Badhaus eröffnet (geöffnet tägl. 18 – 24 Uhr). Neben einer umfangreichen Getränkekarte werden auch verschiedene Snacks serviert. Hier darf auch geraucht werden, aber keine Zigarren und keine Pfeife.

Das À-la-carte-Restaurant „Ingelheimer Zimmer" im „Schwarzen Bock" befindet sich in einem historischen Raum mit sehenswerter Ausstattung und bunten Glasfenstern (geöffnet Mo. – Sa. 12 – 15 Uhr, 18 – 22 Uhr), Reservierung Tel. 06 11/1 55 34 00).

info.wiesbaden@radissonblu.com
www.radissonblu.de

Kaiser-Friedrich-Therme

Das luxuriöse Irisch-Römische Bad mit seinen reichen Malereien, Reliefs und Ornamenten ist ein zauberhafter Prachtbau. Hier hatten schon die Römer ein Schwitzbad eingerichtet und genossen das über 66 Grad heiße Wasser der Adlerquelle.

Diese Therme ist eine schöne Erlebniswelt für alle Arten von Wellness- und Beauty-Anwendungen

Heute können hier die Besucher abwechslungsreich saunieren. Dafür stehen zur Verfügung: Dampfsteinbad, Tepidarium, Sudatorium, Sanarium, die finnische Sauna und das russische Dampfbad. Für Abkühlung sorgen das Lavacrum, die tropische Eisregenzone und das historische Schwimmbecken.

Ruhe und Entspannung finden die Besucher im Frischluftraum sowie im Lumenarium mit seinen Lichtpunkten am Gewölbehimmel. Das Angebot der Quellenbar reicht von Sekt bis Selters.

Im Gartengeschoss der Therme befinden sich der Rasulraum, ein Solarium und ein Sandbad. Massagen und Soft-Pack-Anwendungen runden das Angebot der Therme ab. Textilfreies Baden wird hier bevorzugt (geöffnet Mai–Aug. tägl. 10–22 Uhr, Sept.–April tägl. 10–22 Uhr, Fr., Sa. bis 24 Uhr, Di. ist Damentag, an gesetzlichen Feiertagen Gesamtsauna).

KAISER-FRIEDRICH-THERME · Langgasse 38-40 · 65183 Wiesbaden
Tel. 06 11/31 70 60 · kft@wiesbaden.de · www.wiesbaden.de

Mit der Nerobergbahn nach oben

Die schönste Art, auf den 245 Meter hohen Hausberg der Wiesbadener, den Neroberg, zu gelangen, ist die Fahrt mit einem technischen Kulturdenkmal, der Nerobergbahn. Seit 1888 ist die umweltfreundliche Bahn mit der beschaulichen Geschwindigkeit von 6,7 km/h in Betrieb. Die Fahrt dauert nur dreieinviertel Minuten, um die 80 Höhenmeter zu überwinden, (Fahrplan April, Sept., Okt. tägl. 10–19 Uhr, Mai bis Aug. tägl. 9–20 Uhr).

In der Nähe der Bergstation der Bahn befindet sich der anmutige Neroberg-Tempel von 1851, von hier genießen die Besucher eine großartige Aussicht über Wiesbaden, Mainz, den

Die Nerobergbahn ist ein technisches Denkmal

Die Kuppeln der Kirche

Rheingau und Rheinhessen. Verliebte und andere Paare treffen sich hier oben gern zum Jahreswechsel, um das neue Jahr fröhlich mit Sekt oder Selters zu begrüßen und das brillante Feuerwerk in der Stadt zu bestaunen.

Auf dem Neroberg befindet sich auch der denkmalgeschützte Wiesbadener Weinberg, von dem ein 2,5 km langer Waldlehrpfad seinen Anfang nimmt. Schon nach wenigen Schritten leuchten die goldenen Kuppeln der fünf Zwiebeltürme der russisch-orthodoxen Kirche. Sie wurde im russisch-byzantinischen Stil zwischen 1847 und 1855 erbaut und wie viele Kirchen ihrer Art als griechische Kapelle bezeichnet (geöffnet Nov.–März tägl. 10–16 Uhr, Apr. bis 17 Uhr, Mai–Okt. bis 18 Uhr, Ausnahmen: Sa. bis 16.45 Uhr, So. ab 12.30 Uhr).

www.roka.germany.net

Kletterwald auf dem Neroberg

„Ich Tarzan, du Jane"

Wer möchte seiner Liebsten nicht einmal zeigen, dass er genauso wie Tarzan mit einer Liane von Baum zu Baum schwingen oder wie Indiana Jones auf einer schwankenden Hängebrücke balancieren kann? Möglich ist das im Kletterwald Neroberg. Über 100 spannende Elemente machen einen „Spaziergang" hoch in den uralten Buchen und Eichen von März bis November zu einem einmaligen Abenteuer. Um lange Wartezeiten zu vermeiden, empfiehlt sich eine Anmeldung.

KLETTERWALD NEROBERG · Neroberg 1 · 65193 Wiesbaden
Tel. 0170/4 58 04 66 · info@weitblick-kletterwaelder.de
www.kletterwald-neroberg.de

Freibad und Restaurant mit Aussicht – das Opelbad

Hoch oben auf dem Neroberg thront das elegante, denkmalgeschützte Opelbad im Bauhausstil, der Besuch der finnischen Sauna (geöffnet Mitte Mai – Mitte Sept tägl. 7 – 20 Uhr) ist ein besonderes Erlebnis.

Anspruchsvolle Gäste aus aller Welt schätzen die Küche und die ruhige Atmosphäre des Opelbad-Restaurants inmitten der sonnigen Weinberge (geöffnet tägl. 10 – 22 Uhr, Okt. bis 1. Mai, Mo. Ruhetag).

Hier lässt es sich auch wunderbar Hochzeit feiern. Die Nerobergbahn bringt das Hochzeitspaar und die Gäste auf den Neroberg. Am „Turm" oder im Neroberg-Tempel wird ein Aperitif eingenommen. Anschließend wird auf der Badeterrasse fröhlich mit Musik und Tanz gefeiert. Zur späten Stunde erfrischt ein prickelndes Bad.

OPELBAD-RESTAURANT · Nerobergstraße 1 · 65193 Wiesbaden
Tel. 0611/52 51 00 · info@wagner-gastronomie.de
www.wagner-gastronomie.de

Domäne Mechtildshausen:
Mit Genuss einkaufen und speisen

Ein großes Tor aus Backstein führt auf den mit vielen bunten Blumen geschmückten Innenhof der Domäne Mechtildshausen bei Wiesbaden-Erbenheim. Rund um diesen Marktplatz verführen Bäckerei und Konditorei, Käserei, Metzgerei und die große Markthalle zum Einkaufen. Die Domäne ist ein Bioland-Betrieb und gleichzeitig eine Sozialeinrichtung der Wiesbadener Jugendwerkstatt.

In der Markthalle werden hauptsächlich Eigenprodukte der Domäne wie Obst und Gemüse in reicher Auswahl, Säfte und Marmeladen, Biere,

Hier gibt's Backwaren und Milch-produkte

In der großen Markthalle

ökologische Weine, Backzutaten, Honig, Essig, Öl, Kosmetik und Geschenkartikel und noch viel mehr angeboten. Die Geschäftszeiten für alle Läden sind Di. – Fr. 9 – 19 Uhr, Sa. 8 – 15 Uhr.

Am Marktplatz findet sich das vielgepriesene Restaurant (geöffnet Di. – Sa. mittags und abends, So. nur mittags). Die Weinstube erwartet die Gäste tägl. ab 12 Uhr und das Café Bohne zwischen 7.30 und 18 Uhr.

Die Domäne bewirtschaftet an vier Standorten eine Fläche von insgesamt 650 Hektar. Bei Obst und Gemüse wird auf synthetische Hilfsmittel zur Schädlingsbekämpfung verzichtet. Die große Rinderzucht besteht aus Charolais-Mutterkühen und einigen Zuchtbullen, einer Herde Glan-Kühe, eine Rasse, die vom Aussterben bedroht ist. Alle Tiere fressen nach biologischen Richtlinien produziertes, hofeigenes Futter. Außerdem werden Ziegen, Geflügel, Schweine und Pferde gehalten.

DOMÄNE MECHTHILDSHAUSEN
65205 Wiesbaden-Erbenheim
Tel. 06 11/7 37 40
info@wjwgmbh.de
restaurant@mechtildshausen.de
www.domaene-mechtildshausen.de

Hofheimer Liebesgeschichte:
Die Damen Roederstein und Winterhalter

Ottilie Wilhelmine Roederstein (1859 bis 1937) wurde als Kind deutscher Eltern in Zürich geboren. Sie lernte zeichnen, studierte in Paris. 1883 beteiligte sie sich mit einigen Werken an den Ausstellungen des Pariser „Salon", auf der Weltausstellung 1889 gewann sie eine Silbermedaille.

Dr. Elisabeth Winterhalter (1856 bis 1952) ist bei München aufgewachsen, kam später in ein Kloster, bevor sie in Zürich Medizin studierte. Hier traf sie 1885 Ottilie Roederstein. Elisabeth arbeitete als Ärztin in Paris, München, Stockholm und Frankfurt. In der Stadt am Main bildeten Ottilie und Elisabeth seit 1891 eine Lebens- und Wohngemeinschaft. Die beiden Damen unternahmen zahlreiche Reisen in Europa und Nordafrika. 1909 übersiedelten beide nach Hofheim am Taunus, wo sie sich in einem großen Garten am Kapellenberg ein Haus bauen ließen. Ottilie erhielt die Ehrenplakette der Stadt Frankfurt und die Ehrenbürgerschaft der Stadt Hofheim. Gemälde von ihr sind im Stadtmuseum Hofheim zu sehen (Hofheim am Taunus, Burgstraße 1, geöffnet Di. 10–13 Uhr, Di.–Fr. 14–17 Uhr, Sa., So. 11–18 Uhr). Gemeinsam liegen die Freundinnen in einem Ehrengrab auf dem Hofheimer Waldfriedhof.

Ottilie W. Roederstein: Park hinter dem Städel. Gemälde, Öl auf Graukarton, 1910

Die Opel-Stadt Rüsselsheim

Die Stadt am Main ist bunt und weltoffen. Hier finden seit jeher bei den Opel-Werken Menschen verschiedener Herkunft Arbeit und Heimat. Am modernen Bahnhof befindet sich das Hauptportal der Adam-Opel GmbH. Dieser Komplex gehört zu den 19 ausgeschilderten Stationen der lokalen Route der Industriekultur. Wer wissen möchte, wann bei Opel die ersten Autos gebaut wurden (1899) und wie es im Werk heute zugeht, bucht eine rund zweistündige Werksführung übers Internet, die am frühen Nachmittag beginnt.

Vom Bahnhof gelangt man zum spätromantischen Verna-Park, gestaltet um 1875 als englischer Garten. Über Marktplatz und Löwenplatz erreicht man das Opel-Denkwerk. Dieses Kunstwerk zeigt die Relation zwischen der ehemaligen Werkstatt Adam Opels und dem heutigen Unternehmen. Von der Marktstraße kommt man zum Mainvorland mit dem Leinreiter-Denkmal und weiter am Main entlang zu den Opel-Villen, die Anfang des 20. Jahrhunderts errichtet wurden. Heute sind hier ein Kunstzentrum, Gastronomie und ein stilvolles Hochzeitszimmer beheimatet.

Ein paar Schritte entfernt davon befindet sich die Festung, 1399 erstmals urkundlich erwähnt. Das städtische Museum, das Stadtarchiv und der Heimatverein haben hier ihr Domizil. Von der Steinzeit bis zur Gegenwart führt der Gang durch das außergewöhnliche Museum. Die Zeit der Industrialisierung wird auch am Beispiel des Opel-Werks verdeutlicht. Dieses Museum erhielt den Museumspreis des Europarats für die Präsentation der industriellen Technik in ihrem sozialen und kulturellen Zusammenhang (geöffnet Di.– Fr. 9–13 Uhr, 14–17 Uhr, Sa., So. 10–17 Uhr).

Im Jahr 2017 ist Rüsselsheim Hessentagstadt.

www.ruesselsheim.de

Das Leinreiter-Denkmal

CHARMANTER RHEINGAU

Für Kunstsinnige, Weinliebhaber und Naturfreunde

Die Highlights: Das berühmte Hotel Krone, Kloster Eberbach, mit dem Öko-Flitzer durch die Weinberge, das Brentano-Haus in Winkel, der Regionalpark.

Der Rheingau ist eine einzigartige Kulturlandschaft, die alle Sinne berührt. Lesen Sie die tragische Liebesgeschichte der Dichterin Karoline von Günderrode. Sie verkehrte, wie Goethe, die Brüder Grimm und Achim von Arnim, im Brentano-Haus. Zu Fuß oder mit der Seilbahn geht's hinauf zum Niederwalddenkmal. Ein besonderes Geschenk für Verliebte ist der Erwerb eines Rebstocks. Eine romantische Wanderung führt durch die Weinberge des Rheingaus hinauf zur mächtigen Benediktinerinnenabtei St. Hildegard. Oder wie wäre es mit einer Krippenwanderung an einem klirrend kalten Januartag? Radlern empfehlen wir eine Tour von Flörsheim nach Hattersheim.

Das Brentano-Haus, ein zentraler Ort der Romantik

Karoline von Günderrode – Ihre Liebe und ihr Tod

Karoline von Günderrode wurde 1780 in Karlsruhe geboren und wuchs in Hanau auf. Von 1797 bis 1799 wohnte sie als Stiftsfräulein in Frankfurt. Sie tat etwas, was sich für eine Dame nicht schickte: sie studierte zeitgenössische Dichtung und Philosophie, schrieb Gedichte und Dramen. Oft traf sie sich mit Freunden auf dem Hofgut Trages im Kinzigtal. Das Gut gehörte den Savignys. Karoline liebte Friedrich Carl von Savigny. Aber der konservative Jurist wollte keine eigenwillige Dichterin zur Frau und heiratete Gunda Brentano, eine Freundin von Karoline.

Karoline war von den Schriften des Heidelberger Historikers Friedrich Creutzer beeindruckt und verliebte sich in ihn. Creutzer war glücklos verheiratet, versprach, sich scheiden zu lassen. Aber Creutzer war zu schwach für Karolines Liebe, er blieb bei seiner Frau.

1806 weilte Karoline wieder einmal in Winkel. Am Abend des 26. Juli ging Karoline wie so oft zum Ufer des Rheins. Am nächsten Morgen fand man sie mit einer Wunde in Brust und Herz. Der Dolch lag an ihrer Seite. Auf dem Friedhof von Winkel liegt sie begraben.

Für Romantiker – Das Brentano-Haus in Winkel

Im Jahr 1804 erwarb die Familie Brentano das von einer Mauer umgebene Gebäude in Winkel mit dem mächtigen Mansardendach. Goethe verbrachte hier zusammen mit der Familie Brentano viele glückliche Stunden. Andere illustre Gäste waren Achim von Armin, der Bettina Brentano heiratete, die berühmten Märchenbrüder Grimm sowie die unglückliche Karoline von Günderrode.

Das Land Hessen hat 2014 das Brentano-Haus samt Garten erworben. Nach einer Grundsanierung und einer behutsamen Restaurierung des 1751 erbauten Hauses hat das Weingut Allendorf (siehe Seite 170) die Räume, den Garten und den ummauerten Weinberg, der sich bis zum Rhein erstreckt, gepachtet. Nun wird in dem neuen Weinlokal nicht nur Allendorf-Wein ausgeschenkt, sondern auch eine regionale und mediterrane Küche serviert (geöffnet Mo., Do., Fr. ab 17 Uhr, Sa., So., Feiert. ab 12 Uhr). Garten, Weinberg und Wandelgang werden weiterhin genutzt und behalten den offenen Charakter des Hauses, den die Familie Brentano pflegte.

Die historischen Räume und die beiden Goethe-Zimmer können unter fachkundiger Führung der ehemaligen Hausherrin Angela von Brentano zwischen März und Oktober besichtigt werden (Termine www.brentano.de/fuehrungen).

ALLENDORF IM BRENTANO-HAUS · Weinlokal und Museum
Am Lindenplatz 2 · 65375 Oestrich-Winkel · Tel. O 67 23/8 85 40 70
brentanohaus@allendorf.de · www.allendorf.de

Krippenwanderung im Rheingau

Die vielen außergewöhnlich schönen Weihnachtskrippen in den Kirchen des Rheingaus stellen die frohe Botschaft von der Geburt Christi anschaulich dar.

Eine wunderbare Winterwanderung zu den schönsten Krippen dauert ungefähr drei Stunden. Die Führung von Eltville zu den jeweiligen Pfarrkirchen findet Anfang Januar an einem Samstag oder Sonntag statt. Bei dem stimmungsvollen Rundgang zu Beginn des neuen Jahres gibt es Wissenswertes über die Krippenkultur zu

erfahren; rezitierte Mundartgedichte, Glühwein und Gebäck berei-
chern die informative Führung (Auskunft und Anmeldung:
Tel. 0 61 23/98 98 58, monika@albert-homenet.de).

www.gaestebegleiter.de

Das Hotel Krone in Assmannshausen

Das luxuriöse Hotel gibt es bereits seit 1541. Es liegt direkt am
Rhein am Fuß der weltberühmten Rotweinlage und mitten im
Weltkulturerbe Mittelrheintal. Die romantischen Zimmer des Hotels erlauben einen Blick auf den Rhein oder die Weinberge. Suiten
bieten jeglichen Komfort mit Balkon, Rheinpanorama, offenem Kamin und eigener Sauna. Am schönsten sitzt es sich auf der überdach-
ten Rheinterrasse mit Blick auf den Fluss. Genießer treffen sich im
Restaurant „Kronenstube" (geöffnet tägl. 12–22 Uhr; Mittagskarte
12–14 Uhr, Kaffee & Kuchen 14–18 Uhr, Abendkarte 18–21 Uhr).

Ein Hotel-Arrangement heißt „Krone Romantik am Rheinsteig",
zum Aufenthalt gehört auch ein gut gefüllter Rucksack mit Proviant
für Ihre Wanderung auf dem Rheinsteig von Assmannshausen über
das Jagdschloss zum Niederwalddenkmal, etwa acht Kilometer lang.
Von dort geht's zurück oder mit der Seilbahn hinunter nach Assmannshausen. Das Arrangement „Krone-Duell" verspricht unter

Die Krone, die der Dichter Ferdinand Freiligrath besungen hat

anderem zwei Übernachtungen, eine 5-Gänge-Menü, Besichtigung des Weinguts Krone mit Weinprobe und Tour durch das Anbaugebiet Assmannshäuser Höllenberg.

HOTEL KRONE · Assmannshausen · Rheinuferstraße 10
65385 Rüdesheim-Assmannshausen · Tel. 0 67 22/40 30
info@hotel-krone.com · www.hotel-krone.com

Im Juli steht der Rhein zwischen Bingen und Rüdesheim in Flammen, ein einmaliges leuchtendes und funkelndes Spektakel. Um den 20. Juni herum sieht Assmannshausen rot: die Rheinuferstraße erstrahlt ganz in Rot, dazu wird natürlich roter Spätburgunder ausgeschenkt. Von Ende November bis kurz vor Weihnachten findet in der historischen Altstadt von Rüdesheim der Weihnachtsmarkt mit 120 Ständen aus zwölf Nationen statt. Höhepunkt ist am 21. Dezember die Thomasnacht mit dem traditionellen Zug durch die Stadt.

Jagdschloss und Niederwalddenkmal

Um das Jahr 1764 ließ Maximilian von Ostein das heutige Haupthaus als Jagdschloss erbauen. Mitte des 20. Jahrhunderts wurde aus dem Jagdschloss ein Hotel mit Restaurant (geöffnet tägl. 12–14 Uhr, 18–21 Uhr). Der ehemalige Adelssitz liegt malerisch in der Höhe und kann zu Fuß oder mit der Seilbahn von Rüdesheim und Assmannshausen erreicht werden. Vom Jagdschloss führt ein Weg über die Zauberhöhle mit dem zauberhaften Blick über die reizvolle Landschaft zum Aussichtsturm Rossel, zur Adlerwarte und zum Niederwalddenkmal. Die Germania wurde zwischen 1877 und 1883 errichtet; ihre mächtige Figur ist 12,38 Meter hoch und eine in-

Das Niederwalddenkmal

ternationale Touristenattraktion. Das Café Rheinblick wurde abgerissen – hier entsteht ein Besucherzentrum.

www.niederwald.de

Ich schenke dir einen Weinstock und zehn Flaschen Wein

Sie suchen für ein Brautpaar oder für Ihre Liebste/Ihren Liebsten ein besonderes Geschenk? Kaufen Sie beim Weingut Allendorf in Oestrich-Winkel einen Weinstock, und die Beschenkten erhalten ein Jahr nach der Lese wahlweise fünf oder zehn Jahre lang jeweils eine Flasche Winkeler Hasensprung-Riesling oder Assmannshäuser Hinterkirch.

WEINGUT FRITZ ALLENDORF · Kirchstraße 69
65375 Oestrich-Winkel · Tel. O 67 23/91 85 O
allendorf@allendorf.de · www.allendorf.de

Rieslingtrauben, aus denen der berühmte Wein gekeltert wird

Ein Spaziergang zur hl. Hildegard

Über Eibingen, dem östlichen Stadtteil von Rüdesheim, thront die Benediktinerinnenabtei St. Hildegard, die schon von Weitem zu sehen ist. Ein Spaziergang durch die Weinberge führt hinauf zum mächtigen Kloster mit seiner Basilika. Von 1900 bis 1904 wurde die mächtige Anlage im romanischen Stil erbaut. Die Abteikirche ist wegen ihrer Ausmalung berühmt. Sehenswert sind vor allem die Szenen aus dem Leben und Wirken der hl. Hildegard. Darstellungen aus dem Alten und Neuen Testament ergänzen den reichen Bilderschmuck. Der Klosterladen lockt mit einem reichen Angebot an Literatur und Geschenkartikeln, Dinkelprodukten und Klosterwein.

www.abtei-st-hildegard.de

Das gotische Weindorf Kiedrich

Ungefähr drei Kilometer nordwestlich von Eltville liegt inmitten der Weinberge das sehenswerte Kiedrich. Der Weg auf der Riesling-Route von Wiesbaden auf der B42 kommend ist ausgeschildert. Radfahrer kommen auf dem Riesling-Radwanderweg und Wanderer auf dem Rieslingpfad ins Weindorf. Schon von Weitem grüßt der Turm der Burgruine Scharfenstein seine Besucher.

Mittelpunkt des Orts ist der Marktplatz mit der Basilika St. Valentinus, deren Erweiterung 1460 im spätgotischen Stil erfolgte. Das altehrwürdige Inventar ist zum größten Teil er-

Die gotische Basilika St. Valentinus

halten geblieben. Die älteste spielbare Orgel Deutschlands aus der Zeit um 1500 ertönt bei den Gottesdiensten. Daneben erhebt sich die St. Michaelskapelle von 1444. Das Rathaus wurde 1585/86 errichtet. Über dem Eingang steht neben dem Wappen der Burg Scharfenstein der Spruch: „Halleluja et vinum Kideraci" – Lobet Gott und den Kiedricher Wein.

Teile des Historischen Weinhaus Engel mit dem Valentinsbrunnen davor stammen von 1297, die Zahl 1681 weist auf den späteren Ausbau zu einem prächtigen Fachwerkbau hin. Der hübsche Marktbrunnen mit dem hl. Valentinus, einem Liebespaar und anderen Figuren stammt von 1977. Der hl. Valentinus ist der Schutzheilige der Liebenden. Deshalb bekommt die Liebste am 14. Februar, dem Valentinstag, immer einen schönen Blumenstrauß.

Unter der Ruine Scharfenstein erstreckt sich der Weinberg der Ehe. Paare, die sich im Kiedricher Rathaus standesamtlich trauen lassen, erhalten eine Urkunde und einen Rebstock. Inzwischen gibt es über 1.500 Rebstöcke im Weinberg der Ehe. Alle zwei Jahre werden die Paare eingeladen ihren Wein zu trinken.

Unterhalb der Burgruine erstreckt sich der Weinberg der Ehe

Das Kloster Eberbach in Eltville

Eingebettet in die liebliche Natur im Kisselbachtal ist das ehemalige Zisterzienserkloster ein Gesamtkunstwerk aus Architektur und Geschichte, Kultur und Wein. Die frommen Mönche lebten hier im 12. Jahrhundert asketisch und bauten Wein an. Im Rahmen der Säkularisierung wurde 1803 das Kloster aufgehoben; eine Weinbaudomäne

Blick vom Kreuzgang in den Innenhof des Klosters

entstand. Während einer Führung durch das Kloster erhalten die Besucher Gelegenheit, das Wirken der Zisterzienser in Eberbach kennenzulernen.

Ein einmaliges Erlebnis von Klosterarchitektur und Weingenuss können Einzelpersonen und Paare während der „Öffentlichen Weinprobe" erleben, die meistens dreimal im Monat zwischen April und Dezember stattfindet.

Die Schlenderweinproben tragen so klangvolle Namen wie „Musikalische Schlenderweinprobe", Jazz-Wine-History", „Traditionsweinprobe", „Eberbacher Rieslingprobe" oder „Burgunderprobe".

Innerhalb der Klostermauern befinden sich das heutige Gästehaus und die Klosterschänke. Genießen Sie als Hotelgäste wie einst die Mönche Ruhe, Einkehr, Verpflegung und ausgezeichnete Weine. Wie wäre es mit einem Verwöhnwochenende im Kloster Eberbach? Die Gartenterrasse ist von April bis zum goldenen Herbst geöffnet.

Das Restaurant „Klosterschänke" ist zwischen 11.30 und 22 Uhr geöffnet, die Gartenterrasse von April bis Herbst. Vinothek und Klosterladen befinden sich im ehemaligen Kelterhaus östlich des frühgotischen Hospitals und sind zwischen 10 und 18 Uhr geöffnet. Hier ist natürlich auch das Buch „Der Name der Rose" von Umberto Eco erhältlich; der spannende Film zum Buch wurde hier im Kloster Eberbach gedreht.

STIFTUNG KLOSTER EBERBACH · 65346 Eltville
Tel. 0 67 23/9 17 81 00 · Tel. 0 67 23/9 17 81 50 (Besucherservice)
info@kloster-eberbach.de · gastronomie@kloster-eberhach.de
www.kloster-eberbach.de

Mit dem Segway durch die Weinberge

Wollen Sie eine außergewöhnliche Tour durch die Weinberge erleben? Mit dem schicken Öko-Flitzer auf zwei Rädern ist das möglich.

Die Segwalk-Weinberg-Tour findet an festgelegten Terminen (für Gruppen ab acht Personen auch auf Anfrage) im Sommer statt, eine Anmeldung ist notwendig. Die einzigartige Tour beginnt und endet bei Schloss Vollrads. Von hier rollen Sie durch die Weinberge zu Schloss Johannisberg. Von dort geht's zum Rheinufer und weiter bis zum Oestricher Kran. Von Oestrich-Winkel rollen Sie weiter durch die Weinberge und das Vollradser Wäldchen. Unterwegs gibt es die Möglichkeit für eine Rast in „Krayers Mühle" oder in der Altstadt von Oestrich-Winkel. Sie können die Tour aber auch im Gutsausschank von Schloss Vollrads ausklingen lassen. Beachten Sie bitte die Teilnahmevoraussetzungen.

SEGWALK TOUREN & EVENTS · Kronberger Straße 3 · 61462 Königstein
Tel. 0 61 74/9 68 37 38 · info@segwalk.de · www.segwalk.de

Rheingau-Wanderung auf rollenden Rädern

Die Flörsheimer Warte am Regional-park-Weg

Der Regionalpark-Turm

Auf der Regionalpark-Route zur Flörsheimer Warte

Machen Sie doch einmal eine erlebnisreiche Radtour durch den Regionalpark. Sie ist rund 20 Kilometer lang und beginnt am S-Bahnhof in Flörsheim, wo die S1 hält. Über die Bahnhofstraße und Obermainstraße erreichen Sie den Mainuferweg, hier geht's nach rechts, nach der Unterquerung der Opelbrücke rechts hoch zur Hochheimer Straße, dann links den Kreuzweg zur Kapelle hinauf und weiter zur Flörsheimer Warte (geöffnet April – Sept. Mo. – Fr. ab 12 Uhr, Sa., So. ab 10 Uhr, So. und Feiert. 10 – 14 Uhr Frühstück, Okt. bis März Fr., Sa. ab 12 Uhr, So. ab 11 Uhr). Hier in den Wickerer Bergen beginnt der Rheingau.

Nach der Stärkung mit Wein und Weck oder anderen Köstlichkeiten führt der Weg durch den Weinlaubengang. Am Panorama-

Der Weinlaubengang an der Flörsheimer Warte

weg, der weite Ausblicke gewährt, stehen große Steinskulpturen. Auf dem Faulbrunnenweg wird die A3 überquert. Alleen führen um Weilbach herum. Ein Weg führt hinauf zum Haus des Dichters, ein offenes Haus für Goethe, an dessen Wänden Gedichte zu lesen sind. Der ausgeschilderte Weg führt nun zum Naturschutzhaus Weilbacher Kiesgruben und zum Regionalpark-Besucherzentrum (geöffnet Di. – So. 10 – 18 Uhr) mit dem originellen Aussichtsturm.

Am Naturschutzgebiet vorbei wird das Nussbaumquartier mit der großen Raben-Skulptur erreicht. Die Speierlingsallee führt zum Obstbaumrondell. Rechts geht's auf einer Brücke über die Eisenbahn, dann zum Rosarium. Von der Mainstraße führt der Weg nach links am Schwarzbach entlang. Links führt dann die blaue Brücke zum Bahnhof Hattersheim, wo die S1 die Ausflügler nach Hause bringt.

REGIONALPARK-RHEINMAIN · Frankfurter Straße 76
65439 Flörsheim-Weilbach · Tel. 0 61 45/9 36 36 20
information@regionalpark-rheinmain.de
www.regionalpark-rheinmain.de

DARMSTADT UND HESSISCHE BERGSTRASSE

Hier will Deutschland Italien werden

Die Highlights: Goldschmidts Park, Erlebnispfad Wein & Stein in Heppenheim, Mathildenhöhe in Darmstadt mit dem Hochzeitsturm, UNESCO-Weltkulturerbe Lorsch.

Darmstadt trägt viele Namen: Wissenschaftsstadt, Stadt des Jugendstils, Tor zum Odenwald. Wandern Sie auf dem romantischen

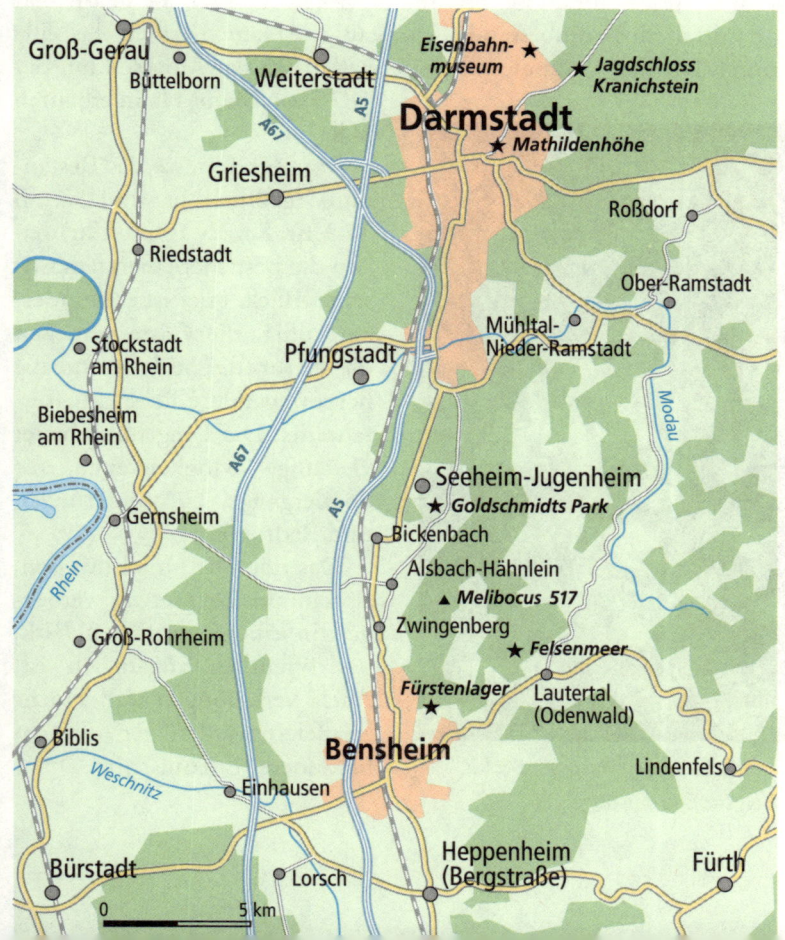

Burgenweg von Darmstadt nach Jugenheim, spazieren Sie rund um das romantische Fürstenlager mit seinen seltenen Bäumen und historischen Gebäuden. Schlendern Sie Hand in Hand auf die Darmstädter Rosenhöhe, besuchen Sie das Jagdschloss mit dem Jagdmuseum Kranichstein und das Eisenbahnmuseum mit seinen Dampfloks in Kranichstein, rattern Sie mit dem urigen Datterich-Express durch Darmstadt.

Goldschmidts Park in Seeheim

Über Seeheim-Jugenheim, in der Nähe von Darmstadt, liegt das Hotel mit Restaurant Goldschmidts Park in einer schönen Parkanlage mit altem Baumbestand. Den heutigen Namen erhielt die Villa durch Dr. Karl Goldschmidt. Er erwarb 1913 das Anwesen mit der 1877 von Major Hahn erbauten Villa.

Von der Terrasse des Restaurants (geöffnet Fr. und Sa. ab 17 Uhr, So. ab 10.30 Uhr) haben die Besucher einen fantastischen Blick. Hier ist es wunderbar ruhig, die Gäste genießen die Natur, die Stille – und die hervorragende Küche des Restaurants. Die Umgebung bietet vielfältige Möglichkeiten für Spaziergänge, Wanderungen und Radtouren.

Das hübsche Hotel mit dem Restaurant liegt etwas verborgen in einem herrlichen Park, der öffentlich zugänglich ist. Auch Verlobungen und Hochzeitsfeiern werden hier zu einem besonderes Erlebnis.

Goldschmidts ist Ausgangsort für Bergstraßen-Ausflüge

GOLDSCHMIDTS PARK · Hotel und Restaurant · Villastraße 11
64342 Seeheim-Jugenheim · Tel. 0 62 57/96 22 66
info@goldschmidts-park.de · www.goldschmidts-park.de

Darmstadt – Auf dem Burgenweg nach Jugenheim

Die schöne Wanderung ist etwa 13 Kilometer lang und führt von Darmstadt-Eberstadt nach Jugenheim. Der Weg ist mit einem blauen B markiert und beginnt an der Straßenbahnhaltestelle Friedhof. Erstes Ziel ist Burg Frankenstein, erstmals 1252 erwähnt (tägl. 9–20 Uhr). Um die Burg Frankenstein ranken sich viele schaurig-schöne Geschichten. Von hier führt der Weg vorbei an den Magnetsteinen und geht hinauf zur Burg Tannenberg von 1239. Dann geht's bergab ins Stettbacher Tal und hinauf zum Heiligenberg. Weiter führt der Weg wieder hinab nach Jugenheim. Ein Bus fährt von hier nach Darmstadt.

Hier wurde das Monster von Frankenstein erschaffen

www.diebergstrasse.de
www.odenwaldclub.de

Heppenheim – Erlebnispfad Wein & Stein

Wie schön, während einer Wanderung alles über Wein und Weinbau zu erfahren. Start und Ziel des Erlebnispfads Wein & Stein befinden sich am Winzerbrunnen in Heppenheim an der Bergstraße. Der Erlebnispfad ist knapp sieben Kilometer lang und ein Kooperationsprojekt des UNESCO-Geoparks Bergstraße-Odenwald und der Bergsträßer Winzer eG. An diesem Rundwanderweg durch verschiedene Weinlagen laden Ruhebänke zum Verweilen ein. An rund 70 Stationen erfahren Sie: Warum kommt Vulkanasche in den Wein? Was ist ein Rebenmuttergarten? Warum haben hier die Römer Wein angebaut? Welchem Zweck dienen die zahlreichen Bergsträßer Weinbergshäuschen?

Vielleicht haben Sie Spaß daran, Ihre Freunde zu Hause übers Internet direkt von der Steinkopf-Webcam zu grüßen.

www.weinundstein.net · www.diebergstrasse.de
www.geo-naturpark.net · www.heppenheim.de

Staatspark Fürstenlager an der Bergstraße

Der Staatspark in Bensheim-Auerbach, einst Sommerresidenz Darmstädter Großherzöge, lädt zum Wandeln in Natur und Kultur ein. Die Lindenallee führt vorbei an Rossbach, Schwanenteich und Entenweiher zum Fremden- oder Pisébau.

Die Sehenswürdigkeiten erschließen sich dem Besucher während eines Rundwegs.

Stallbau und Kavaliersbau rechts des Wegs stammen von 1783/87. Dann haben Sie das Dörfchen erreicht. Rechts sind der Konditoreibau, das Haus des Brunnenverwalters, der Prinzenbau und andere Gebäude von 1790/92 zu sehen. Der Gesundbrunnen, eine 1739 entdeckte Heilquelle, verschlämmte schon im Jahr darauf. Rechts neben dem Brunnen erhebt sich das Herrenhaus von 1790/92.

Von hier führt ein Weg zum Rosenoval, über die Apfelallee geht's zum Champignonberg, zur Grotte, zur Eremitage und auf der Apfelallee zurück. Am Höhenweg mit seiner schönen Aussicht stehen der Ernst-Lud-

Das Herrenhaus im Staatspark

wig-Tempel und der Freundschaftstempel. Folgen Sie dem Weg am Rand des Parks, so gelangen Sie zur Bastion und zum Teehaus auf dem Altarberg. Eine Pappelallee und ein Weg an der Zedernwiese führen zurück zum Dörfchen.

LANDGASTHOF HERRENHAUS IM FÜRSTENLAGER
64625 Bensheim-Auerbach · Tel. 0 62 51/98 90 50
info@pegasus-bensheim.de · www.fuerstenlager-herrenhaus.de

Kloster Lorsch ist UNESCO-Weltkulturerbe

Die Fachwerkstadt Lorsch ist nicht weit von Bensheim und Heppenheim im Westen der Bergstraße gelegen. Im Mittelalter war Lorsch mit seiner großen Klosteranlage ein religiöses und politisches Zentrum.

Die Geschichte begann vor dem Jahr 764, als Williswinda und ihr Sohn Gaugraf Cancor ein kleines Kloster gründeten, um sich dadurch einen Platz im Himmel zu reservieren. Das Kloster wurde an

Die karolingische Königshalle, einer der ältesten deutschen Steinbauten

einen Verwandten der fränkischen Familie verschenkt, an den Chrodegang von Metz, den einzigen Erzbischof nördlich der Alpen. Der schickte Mönche nach Lorsch und beschaffte für das Kloster 765 in Rom Reliquien des heiligen Nazarius, eines bislang unbekannten Märtyrers, der im Jahr 68 in Mailand enthauptet worden sein sollte. Dank seiner leiblichen Reste wurde das Kloster zum Anziehungspunkt. Schon zwei Jahre später musste das Kloster erweitert werden. Um sich der Fürsprache des Nazarius vor Gottes Thron zu sichern, erhielt das Kloster von vielen Gläubigen Schenkungen, auch Grundbesitz, der sich von Holland an der Nordsee bis zu den Schweizer Alpen weit streute.

Im Streit zwischen dem Sohn Cancors und Gundeland, Bruder und Nachfolger Chrodegangs, entschied Karl der Große zugunsten des einflussreichen Gundeland, der 772 das Kloster dem Frankenkönig übereignete. Der nahm 774 an der feierlichen Weihe der Nazariusbasilika teil.

Im 9. Jahrhundert wurde die sogenannte Königshalle erbaut, um dem Kloster einen repräsentativen Eingang zu geben.

Das Kloster überstand die wechselvolle Geschichte des Mittelalters und die Reformation. Gutkatholische Truppen aus Spanien verwandelten 1621 das Kloster in einen Trümmerhaufen; ein Teil der Kirche und die Königshalle blieben stehen. Sie sind eine Besichtigung wert wie auch der rekonstruierte Klostergarten. Das Gelände ist frei zugänglich. Gegenüber der Halle in der Nibelungenstraße 32 ist das Museumszentrum Lorsch mit seiner Kloster-Abteilung von Di. – So. und an Feiertagen von 10 – 17 Uhr zu besichtigen.

www.kloster-lorsch.de

Von der Rosenhöhe zum Hochzeitsturm in Darmstadt

Ab Ende des 19. Jahrhunderts hat der Jugendstil mit seinen schwungvollen Linien und Motiven das Gesicht von Darmstadt in nur 15 Jahren verwandelt. Spazieren Sie doch einmal auf den Spuren des Jugendstils. Die Rosenhöhe befindet sich im Osten der Stadt. Hinter dem Löwentor erstreckt sich das Rosarium. Hier sind Rosenschau-

Die Mathildenhöhe mit Hochzeitsturm und russischer Kirche

gärten zu bestaunen, das Blätterdach über der Terrasse, Seerosen und schließlich der Rosendom mit Beet- und Kletterrosen. Hier hinauf händchenhaltend zu spazieren, um eingehüllt in den betörenden Duft der Rosen sich Liebe zu schwören, ist ein Erlebnis der besonderen Art.

Von der Rosenhöhe führt der Olbrichweg hinüber zur Mathildenhöhe mit einem Ensemble beispielhafter Bauwerke im Jugendstil. Von weit her ist schon der Hochzeitsturm zu sehen, dessen fünf Finger in den Himmel weisen. Der über 48 Meter hohe Turm wurde zwischen 1905 und 1908 erbaut und von der Stadt zur Erinnerung an die Hochzeit des Großherzogs geschenkt. Das oberste Geschoss ist eine Aussichtsplattform. Das Zimmer der Großherzogin, das Hochzeitszimmer, kann für Trauungen gemietet werden.

www.hochzeitsturm-darmstadt.eu · ww.mathildenhoehe.de

Das Jagdschloss Kranichstein

Inmitten einer malerisch gestalteten Jagdlandschaft mit Wäldern, Wiesen und Teichen liegt das Jagdschloss, einer der wenigen erhaltenen Jägerhöfe in Deutschland. Zwischen 1578 und 1580 wurde es errichtet und im 17. und 18. Jahrhundert aufwändig und elegant eingerichtet. Im Museum wird die Geschichte der Jagd der Landgra-

Das Jagdschloss Kranichstein mit Museum und Hotel

fen von Hessen-Darmstadt gezeigt (geöffnet Mi.–Fr. 13–17 Uhr, Sa., So., Feiertage 10–17 Uhr).

Am über 100 Meter langen Zeughaus neben dem Schloss lohnt der Besuch des Bioversums, eines naturkundlichen Mitmachmuseums für Jung und Alt (geöffnet Di.–Fr. 11–17 Uhr, Sa., So., Feiert. 10–17 Uhr, Okt. bis März bis 17 Uhr). Die zahlreichen Wege rund ums Schloss und um den Backhausteich laden zum Spazierengehen, Wandern und Radfahren ein. Für Familien ist die Jagdhistorische Pirsch konzipiert, ein 4,5 Kilometer langer Rundweg mit Erlebnisstationen rund um die Jagd.

HOTEL UND MUSEUM JAGDSCHLOSS KRANICHSTEIN
Kranichsteiner Straße 261 · 64289 Darmstadt
Hotel: Tel. 0 61 51/13 06 70 · www.hotel-jagdschloss-kranichstein.de
Museum: Tel. 0 61 51/9 71 11 80
www.museum.jagdschloss-kranichstein.de

Eisenbahnmuseum und Deutsche Museums-Eisenbahn

Für Freunde nostalgischer Loks und anderer Schienenfahrzeuge ist ein Besuch in Kranichstein ein großes Vergnügen, besonders beim Dampflokfest Mitte September. Der große Ringlokschuppen von 1914 dient heute dem Eisenbahnmuseum. Nicht nur bei den Mitar-

Im Eisenbahnmuseum

beitern des lebendigen Museums brennt das Feuer für die Eisenbahn in den Herzen, sondern auch unter den Kesseln der Lokomotiven. Nostalgische Eisenbahn-Lustfahrten führen durch Darmstadt. Einmalig in Deutschland sind die Dampfzug-Sonderfahrten auf dem Straßenbahnnetz der HEAG. Die älteste Dampflok ist von 1887.

EISENBAHNMUSEUM UND DEUTSCHE MUSEUMS-EISENBAHN
Steinstraße 7 · 64291 Darmstadt- Kranichstein · Tel. O 61 51/37 76 OO
info@bahnwelt.de · www.bahnwelt.de

Mit dem Datterich-Express durch Darmstadt

Sie möchten endlich Familie und Freunden Ihre Traumfrau/ Ihren Traummann vorstellen und zusammen ein paar vergnügliche Stunden erleben? Die nostalgische Straßenbahn von 1940, benannt nach der berühmten Lokalposse von Ernst Elias Niebergall, wurde 2012 komplett modernisiert und verspricht mit den Schattenrissfiguren der Biedermeierzeit von Hermann Pfeifer eine außergewöhnliche Stadtrundfahrt. Der Drei-Wagen-Zug verfügt über 51 Sitzplätze. Mit Catering, musikalischer Begleitung oder einer Stadtführung geben Sie Ihrer Datterich-Express-Fahrt Ihre persönliche Note.

DATTERICH-EXPRESS · HEAG mobilo Kundenzentrum
Luisenplatz 6 · 64283 Darmstadt · Tel. O 61 51/7 09 41 15
nostalgiefahrten@heagmobilo.de · www.heagmobilo.de

HESSISCHES RIED, KÜHKOPF UND KNOBLOCHSAUE

Museums- und Altrheinlandschaften

Die Highlights: Der Altrhein, das Büchnerhaus und andere Museen, die Schatzinsel Kühkopf, das Hofgut Guntershausen, die Knoblochsaue, Schloss Dornberg in Groß-Gerau, die Spargeltage im Gerauer Land.

Die Landschaft zwischen Darmstadt und dem Rhein im Westen heißt Hessisches Ried. Der Name kommt vom Ried, dem Schilf, und deutet auf ein wasserreiches Gebiet hin, das von Bächen und Wassergräben durchzogen ist.

Die Orte ringsum, Crumstadt, Goddelau, Erfelden, Wolfskehlen und Leeheim haben sich zu Riedstadt im Kreis Groß-Gerau zusammengeschlossen. Jeder Ort hat sich seine dörfliche Idylle bewahrt. Aus Geschichte und Gegenwart erzählen die vielen Riedstädter Museen.

www.riedstadt.de

Schilf im Hessischen Ried

„Friede den Hütten! Krieg den Palästen!"

Diese revolutionäre Losung aus der Französischen Revolution ist das Motto der Schrift „Der Hessische Landbote". Georg Büchner ist der Verfasser dieser radikalen Schrift, an der Friedrich Ludwig Weidig mitgearbeitet hat. In der Weid-straße 9 in Riedstadt-Goddelau steht das Büchnerhaus, in dem Georg Büchner am 17. Oktober 1813 geboren wurde. Es dient als Museum und Veranstaltungsort. Leben, Werk und Wirken des Dichters, Naturwissenschaftlers und Revolutionärs werden im Museum dargestellt. Geöffnet ist es Do. und So. 14 – 18 Uhr.

Das Büchnerhaus in Goddelau

Das gibt es nur in Riedstadt: In jedem Ort ein Museum

In Crumstadt südlich von Goddelau ist in der Alten Schule in der Poppenheimer Straße 1 jeden 2. So. im Monat von 10 – 12 Uhr das Museum geöffnet und präsentiert seine Exponate aus der Dorf-, Früh- und Vorgeschichte.

Im Historischen Rathaus ist das Heimatmuseum zu besichtigen

In Philippshospital zwischen Crumstadt und Goddelau befindet sich eine der ersten psychiatrischen Einrichtungen der Welt. Im Haus 8 ist unterm Dach ein Psychiatriemuseum eingerichtet, das nach telefonischer Anmeldung (06 158/18 32 03) bei einer Führung besichtigt werden kann.

Das Heimatmuseum Erfelden, nach seinem Gründer Phil. Schäfer II Museum genannt, zeigt im Historischen Rathaus aus dem 16. Jahrhundert vorgeschichtliche Funde und Tiere aus dem Naturschutzgebiet Kühkopf-Knoblochsaue. Auch der Rheinübergang schwedischer Truppen unter Gustav Adolf wird dargestellt. Gezeigt werden zudem Geräte aus Haushalt, Landwirtschaft, Fischerei und Ziegelei. Das Museum in der Wilhelm-Leuschner-Straße 28 ist jeden 1. und 3. Sonntag im Monat von 10 – 11.45 Uhr geöffnet.

In Erfelden gibt es sogar zwei Museen. Die jüdische Gemeinde hatte das Gebäude einer Bäckerei gekauft und zur Synagoge umgebaut, die 1877 eingeweiht wurde. Während der Nazizeit verließen viele Juden Riedstadt, wanderten aus, einige wurden ermordet. 1937

Die ehemalige Synagoge in Erfelden

verkaufte die jüdische Gemeinde ihr Gotteshaus, das nun als Wohnhaus diente. 1940 gab es in Riedstadt keine Juden mehr.

Ein Förderverein Riedstädter Bürgerinnen und Bürger übernahm die ehemalige Synagoge in der Neugasse 43, die seit 1994 Begegnungsstätte, Museum und Dokumentationszentrum ist. Das Programm umfasst Vorträge, Lesungen, Seminare und Ausstellungen. Geöffnet ist das Haus bei Veranstaltungen und nach Vereinbarung.

In der Backhausstraße 8 in Riedstadt-Leeheim ist das Heimatmuseum an jedem 1. und 3. So. im Monat von 10 – 12 Uhr zu besichtigen. Es gibt Geräte aus Haus, Hof, Handwerk und Landwirtschaft zu sehen. Nach dem Motto „Ein Museum zum Anfassen" können die Funktionen vieler Werkzeuge und Geräte erprobt werden. Über Art und Lebensweise heimischer Tiere wird informiert. Eine komplette historische Wohnung wird präsentiert; das Spielzeug im Kinderzimmer darf auch angefasst werden. Ein Tante-Emma- und ein Friseurladen sind zu sehen, ebenso ein Klassenzimmer. Der Kommunikation von der Schreibmaschine zum Mobiltelefon ist ein eigener Museumsbereich gewidmet.

Selbstverständlich hat auch Wolfskehlen ein Heimatmuseum. Im Kreuzgewölberaum der einstigen Ölmühle neben der Kirche in der Groß-Gerauer-Straße 1 sind die frühgeschichtlichen Funde zu besichtigen, zudem werden Hauswirtschaft, Handwerk und Landwirtschaft dargestellt. Das Museum ist jeden 1. Sonntag von 10 – 12 Uhr geöffnet.

Die Schatzinsel Kühkopf

Als der badische Ingenieur Tulla und der hessische Wasserbaudirektor Kröncke 1828/29 den sich durch die Landschaft schlängelnden Rhein in ein neues Bett zwangen, umschloss der alte Lauf des Rheins ein Gebiet, das auf den Landkarten wie der Kopf einer Kuh aussieht. Diese von Rhein und Altrhein umflossene Insel ist 2.440 Hektar groß. Zusammen mit der nördlich und außerhalb des Kühkopfs gelegenen Knoblochsaue ist es Hessens größtes Naturschutzgebiet, zugleich mit mehr als 250 Vogelarten das Europareservat für den Vogelschutz.

Wegen ihres Artenreichtums an Tieren und Pflanzen wird die Insel Schatzinsel genannt. Es gibt zwei Zugänge zum Kühkopf, auf dem motorisierte Fahrzeuge wegen des Naturschutzes nicht fahren dürfen: In Erfelden führt von der Rheinstraße, an der sich ein Parkplatz befindet, eine Brücke für Fußgänger und Radfahrer hinüber und in Stockstadt führt die Vorderstraße zur Rheinstraße mit einem

Genusspaddeln auf dem Altrhein

Parkplatz, von hier geht eine Brücke über den Altrhein. In der Vorderstraße verleiht der Bootsvertrieb Schulze Kanus, Kajaks, Tretboote, Fahrräder. Es ist ein besonderes Vergnügen, den 17 Kilometer langen Altrhein mit dem Boot zu befahren und die Natur zu erleben.

Das Hofgut ist nur zu Fuß oder mit dem Rad zu erreichen

Ein etwa 60 Kilometer langes Netz von Wander- und Radwegen durchzieht das Naturschutzgebiet Kühkopf-Knoblochsaue.

Gleich hinter der Brücke in Stockstadt liegt das Hofgut Guntershausen, das auf eine Gründung im Jahr 1617 zurückgeht. Das Hofgut, in dem auch Speisen und Getränke unter alten Bäumen serviert werden, ist das Umweltbildungszentrum Schatzinsel Kühkopf. Eine faszinierende Ausstellung inszeniert im ehemaligen Kuhstall die Naturschätze des Kühkopfs. Eine besondere Attraktion ist das begehbare Aquarium, in dem die Unterwasserwelt zu erleben ist. Das Hofgut bietet Veranstaltungen, Führungen und Exkursionen in Fülle und Vielfalt an. Das Umweltbildungszentrum Hofgut Guntershausen „Mitten im Fluss" ist von März – Okt. Sa., So., Feiert. von 13 – 17 Uhr geöffnet.

www.bootsvertrieb-schulz.de · schatzinsel-kuehkopf@forst.hessen.de
www.schatzinsel-kuehkopf.de

Die Knoblochsaue ist eine dufte Landschaft

In dieser Auenlandschaft gedeihen im Frühling unzählige Bärlauchpflanzen, die einen intensiven Geruch nach Knoblauch verströmen. Von diesen Lauchpflanzen hat die ganze Landschaft zwischen Altrhein und Rhein ihren Namen.

Der Weg in die Knoblochsaue führt von Erfelden auf der Erfelder Straße nach Westen. Bitte aufpassen: Wenn die Straße rechts nach

Wie kleine weiße Sterne strahlen die Blüten des Bärlauchs

Die Schwedensäule beim Altrhein in der Knoblochsaue

Leeheim geht, geradeaus wandern oder fahren – nicht oben auf dem Deich, sondern rechts daneben und unten. Rechts erstreckt sich die offene Landschaft, links der Auenwald, hinter dem der Altrhein dem Rhein zufließt.

Nach etwa fünf Kilometern ab Erfelden ist der Parkplatz links des Wegs erreicht, eine Schranke hindert die Autofahrer, weiter zu fahren. Die Straße, eigentlich eine breite Schneise, führt durch den Wald, bis links ein Weg abzweigt, der Wegweiser zeigt zur „Schwedensäule", die zwischen den Bäumen aufragt. Etwa einen Kilometer vom Parkplatz entfernt erhebt sich die Säule inmitten eines Rondells, das von Bäumen umgeben ist. Elisabeth Langgässer: „Diese Eschenbäume, nicht älter geworden seit jener Stunde, da Gustav Adolf, der Schwedenkönig, seine Truppen auf Scheunentoren über den Altrhein flößte."

Auf vier steinernen Kanonenkugeln steht ein Obelisk, auf dem das schwedische Wappentier, ein gekrönter Löwe mit güldenem Schwert in der Pranke thront.

König Gustav Adolf von Schweden überquerte während des Dreißigjährigen Kriegs hier am 21. Dezember 1631 den 300 Meter breiten Rhein mit Tausenden von Fußsoldaten, Kavallerie und Kano-
nen. Der Fluss war noch nicht reguliert, auf der Halbinsel lagerten
spanische Truppen, die hier und bei Oppenheim besiegt wurden.
Zum Gedenken an die Rheinquerung ließ Gustav Adolf 1632 diese
Säule errichten.

Ein Gang durchs Ried mit Elisabeth Langgässer

Die Dichterin Elisabeth Langgässer, am 23. Februar 1899 im rhein-
hessischen Alzey geboren, ging in Darmstadt zur Schule, arbeitete in
Griesheim als Lehrerin. Von hier unternahm sie viele Wanderungen
und Radtouren durchs Ried, auch durch die Knoblochsaue. Davon
künden viele ihrer Gedichte und der Roman „Gang durch das Ried",
der als Vorabdruck in der „Frankfurter Zeitung" und als Buch 1936
in Leipzig erschien. Im Kranichsteiner Literaturverlag seit 2002 jetzt
in zweiter Auflage.

In diesem Roman vom großen Unrecht und dem Opferrauch am
Ende, in starker und poetischer Sprache erzählt, lobsingt die Dichterin das Ried: „... wenn nicht der Horizont wäre, könnte man end-
los weit sehen. Nur im Osten führt eine blaue Welle von Waldber-
gen ihren Geländestrom bald höher, bald tiefer dahin. Man sieht sie
von allen Riedorten aus ... Wie von dem Glasbläser hingezogen,
schlingt sich der Altrhein durch die Gebüsche. Jetzt teilt er sich und
umarmt eine Aue, jetzt wieder eine und wieder eine; seine Strömung
geht langsam, langsamer, leiser; gleich wird er einschlafen, auslau-
fen."

Zusammen mit ihrer ersten Tochter ging Langgässer nach Berlin,
als Halbjüdin erhielt sie von den Nazis Schreibverbot, wurde zur
Zwangsarbeit geknechtet. Ihre Tochter wurde ins KZ verschleppt
und überlebte. Am 25. Juli 1950 starb Elisabeth Langgässer im pfäl-
zischen Rheinzabern. Posthum erhielt sie in diesem Jahr den Georg-
Büchner-Preis für Literatur.

Zu ihrem 100. Geburtstag wurde der Elisabeth-Langgässer Wanderweg eröffnet. Vom Parkplatz, von dem die kleine Wanderung zur

Schwedensäule beginnt, kann auch der zwölf Kilometer lange Rundweg ergangen werden, der zur Schwedensäule führt, am Altrhein entlang, zum Forsthaus Knoblochsaue, nach Norden zum Plattenhof, nach Osten und dann nach Südwesten durch das kleine Naturschutzgebiet Bruderlöcher und zurück zum Ausgangspunkt. Ein Abstecher kann zum Bensheimerhof führen, von wo der Bus 41 zum Bahnhof Goddelau fährt.

Durch das Ried nach Groß-Gerau

Das Ried und die Orte von Riedstadt gehören zum Kreis Groß-Gerau. Eine abwechslungsreiche Fahrradtour führt durchs Ried. Es ist die Tour 27, die ausführlich im Buch „Regionalpark RheinMain. Der Rad- und Wanderführer" beschrieben wird. Die 42,5 Kilometer lange Strecke beginnt in Dornheim. Wer das Büchnerhaus in Goddelau (siehe Seite 187) sehen will, beginnt hier die sechs Kilometer längere Tour. Beide Orte sind mit der Bahn, der S7 oder der R70 (Riedbahn) zu erreichen; die Mitnahme von Fahrrädern ist unentgeltlich.

Nach Goddelau wird Riedstadt-Wolfskehlen erreicht, dann Dornheim, Wallerstädten, Geinsheim, dann den Rhein entlang nach Astheim, Trebur und schließlich Groß-Gerau.

Hier führt die Tour durch die Fasanerie mit dem großen Tiergarten, der von November bis Februar tägl. von 9 – 17 Uhr geöffnet ist, von März bis Oktober bis 18 Uhr. Nahebei ist das Dornberger Schloss zu sehen, von dem nur noch das Torhaus erhalten geblieben ist.

Von hier ist nach einem Kilometer der Bahnhof zur Rückreise erreicht.

Das Dornberger Schloss, dessen Geschichte auf Schautafeln erzählt wird

www.gross-gerau.de

Carlotta aus dem Gefolge der Spargelkönigin

Alle Jahre wieder: Spargeltage Gerauer Land

Im Ried und in anderen Teilen des Gerauer Landes gedeiht vorzüglich der Spargel. Um den 20. April beginnt die Ernte, werden die Spargelstangen aus der Erde gestochen – bis zum Johannistag am 24. Juni. Während dieser Zeit wird das edle Gemüse gefeiert. Die Spargelanbauer veranstalten Hoffeste, die Restaurants und Gaststätten wetteifern mit speziellen Spargelgerichten, Kochkurse werden angeboten, auf dem Spargellehrpfad wird gewandelt, diverse Spargelrouten für Radfahrer sind eingerichtet, ein Programmpunkt heißt Jazz und Spargel. Alle Veranstaltungen zu Ehren von König Asparagus und der Spargelgenießer werden regiert von der schönen Spargelkönigin.

www.spargeltage.de

ERBACH UND DER ODENWALD

Sagenhafte Erlebnisse in Stadt und Land

Die Highlights: „Die Träumerei" in Michelstadt, Trauung im Rittersaal vom Schloss Erbach, Englischer Garten Eulbach und Wellness in der Odenwaldtherme in Bad König, der schöne Marbachsee.

Den Auftakt zur Erkundung dieser sagenumwobenen Gegend, Teil des UNESCO Geo-Parks Bergstraße-Odenwald, machen Sie in einem entzückenden Hotel, das die Schauspielerin Jessica Schwarz zusammen mit ihrer Schwester Sandra in Michelstadt betreibt. Kochen Sie in der Kochschule von Treuschs Schwanen mit Freunden für ein Paar. Einen der schönsten Biergärten des Landes finden Sie in Reichelsheim-Laudenau. Wandern Sie im oder ums riesige Felsenmeer, bestaunen Sie bitterböse und liebenswerte Drachen und picknicken Sie zwischen den mächtigen Mauern von Burg Rodenstein.

Die Träumerei in Michelstadt
Es waren einmal zwei Schwestern, die hatten einen Traum. Und diesen Traum haben sie sich 2008 mit ihrem kleinen, aber feinen Desi-

gnerhotel „Die Träumerei" in Michelstadt erfüllt. Das Haus steht hier schon seit 1623. Heute schlafen und träumen die Gäste in dem Hotel von Jessica und Sandra Schwarz besonders stilvoll und höchst angenehm. Die fünf Zimmer sind individuell, liebevoll und geschmackvoll eingerichtet. Für Langschläfer gibt es das Frühstück bis 15 Uhr. Zu dem Hotel gehört auch ein entzückendes Café (geöffnet Mo.–Fr. 8–18 Uhr, Sa., So. 9–18 Uhr) mit traumhaften Kuchen und köstlichen Snacks und Suppen.

Vom Hotel ist es nicht weit zu Michelstadts Sehenswürdigkeiten. Dazu gehört das berühmte Rathaus von 1484. Dahinter ragt die Stadtkirche auf, erbaut zwischen 1461 und 1537. Ein pittoreskes Ensemb-

„Die Träumerei" ist ein schöner Ort zum Träumen und Lieben

le historischer Bauten gruppiert sich um den Marktplatz mit seinem Marktbrunnen von 1575. Michelstadt ist ein guter Ausgangspunkt für herrliche Ausflüge in den sagenhaften Odenwald.

DIE TRÄUMEREI · Obere Pfarrgasse 3 · 64720 Michelstadt
Tel. 0 60 61/70 33 33 · designhotel@die-traeumerei.com
www.die-traeumerei.com

Treuschs Schwanen in Reichelsheim

Das Genießer-Restaurant hat einen hervorragenden Ruf im Land. Speziell für Verliebte ist Treuschs Romantik-Dinner komponiert.

Nach einem Glas Champagner erwartet die Liebenden ein Vier-Gänge-Menü. Wer mag, lässt sich überraschen – oder liest auf der persönlichen Menükarte, was gleich vom Koch liebevoll zubereitet wird.

Wollen Sie als Freunde einem Paar einen besonderen kulinarischen Abend machen, dann überraschen Sie die Verliebten mit einem MitKochMenü, das Sie mit bis zu zwölf Personen in Treuschs Kochschule persönlich zubereiten. Am Essen selbst können bis zu 25 Personen teilnehmen.

TREUSCHS SCHWANEN · Rathausplatz 2
64385 Reichelsheim · Tel. 0 61 64/22 26
info@treuschs-schwanen.com · www.treuschs-schwanen.com

Gasthaus zur Freiheit in Reichelsheim

Wo gibt es einen der schönsten Biergärten, romantisch und idyllisch am Waldesrand gelegen? In Laudenau. Zu Beginn des 19. Jahrhunderts traf sich eine Odenwälder Räuberbande nach ihren Raubzügen oft in der Freiheit.

Heute kehren im Gasthaus zur Freiheit (geöffnet Mi. – So. 11 – 21.30 Uhr) keine Räuber mehr ein; vielmehr genießen alle Gäste die Odenwälder Küche, die vor Ort hergestellten Essige und die himmlische Ruhe.

GASTHAUS ZUR FREIHEIT · Freiheitsstraße 20
64385 Reichelsheim-Laudenau · Tel. 0 61 64/10 32
gasthaus@zurfreiheit.de · www.zurfreiheit.de

Das Felsenmeer in Lautertal

Das berühmte Felsenmeer im Odenwald besteht aus großen widerstandsfähigen Granitblöcken. Ihren Ursprung hatten sie vor etwa 340 Millionen Jahren beim Zusammenstoß zweier Kontinente. Seit der Eiszeit haben sie der viele tausend Jahre währenden Verwitterung standgehalten – oder waren zwei streitende Riesen die Verursacher, die sich mit den Steinblöcken bewarfen, bis einer darunter begraben wurde? Eine andere Sage erzählt von Siegfried, der dort, wo munter klares Wasser aus dem Stein sprudelt, vom finsteren Hagen erschlagen wurde. Andere Siegfriedquellen im Odenwald beanspruchen ebenfalls, Schauplatz dieser Missetat zu sein.

Ganz sportliche Besucher klettern über die mächtigen Felsblöcke nach oben. Es gibt jedoch auch schöne Wanderwege. Beachtlich ist die fast zehn Meter lange steinerne Riesensäule, die um das Jahr 250 von römischen Steinmetzen hergestellt wurde. Auf dem geologisch-historischen Lehrpfad befinden sich weitere 327 Steine, die unter Denkmalschutz stehen, wie der Altarstein, die Pyramide, das Schiff und natürliche Formen wie das Krokodil und der Riesensessel.

Unter dem Felsenmeer könnte ein Riese begraben liegen

Beim Riesensarg, einem gigantischen Granitblock, folgen Sie dem Hinweis zum Ohlyturm auf dem 514 Meter hohen Felsberg. Der Turm ist 27 Meter hoch. Das Felsenmeer ist frei zugänglich. Die Öffnungszeiten des Informationszentrums finden sie auf der Homepage.

FELSENMEER-INFORMATIONSZENTRUM · Seifenwiesenweg 59 64686 Lautertal · Tel. 0 62 54/94 01 60 · information@felsenmeer.eu www.felsenmeer-zentrum.de

Das Erbacher Schloss
Das Schloss war im 12. Jahrhundert eine Wasserburg, die auf einer Insel in der Mümling stand. Aus dieser Zeit stammt auch der mäch-

Schloss Erbach, Museum und Ort für Hochzeiten

tige, 67 Meter hohe Bergfried. Im 18. Jahrhundert wurden die Nebenarme der Mümling zugeschüttet und 1902 erhielt das Schloss sein heutiges Aussehen.

Schloss und Schlosshof sind Orte vielfältiger Veranstaltungen, erlebenswert sind Führungen durch die Gräflichen Sammlungen (Rittersaal, Gewehrkammer, Hirschgalerie, römisches und chinesisches Zimmer; Führungen März–Okt. Mo.–Fr. 11, 14, 16 Uhr, Sa., So., Feiert. 11, 14, 15, 16 Uhr; Nov., Dez. tägl. 14 Uhr).

Wie wäre es mit einer standesamtlichen Trauung in einem außergewöhnlichen Ambiente? Nach der Zeremonie im Rittersaal oder in der Hirschgalerie des Schlosses gibt es einen Sektempfang im Schlosshof (Tel. 0 60 62/80 93 60).

Machen Sie mit Ihren Gästen anlässlich Ihrer Hochzeit in Erbach eine kulinarische Führung durch die Gräflichen Sammlungen im Schloss. Während dieser Tour genießen Sie Odenwälder Wein und Mulsum, den römischen Honigwein.

SCHLOSS ERBACH · Marktplatz 7 · 64711 Erbach im Odenwald
Tel. 0 60 62/80 93 60 · info@schloss-erbach.de
www.schloss-erbach.de

Der Englische Garten Eulbach

In Eulbach, östlich von Michelstadt, ließ sich einst ein Erbacher Graf einen paradiesischen Landschaftspark nach der damaligen Mode als Englischen Garten anlegen (geöffnet tägl. 10 – 17 Uhr). Rüstige Wandersleute erreichen den Park nach gut sieben Kilometern von Michelstadt aus. Der Garten erstreckt sich links der B47 Richtung Amorbach. Im Englischen

Die Kapelle auf einer Insel im Englischen Garten Eulbach

Garten wurden Bauwerke aus Steinen vom Limes aus dem Odenwald und aus dem Römerkastell Würzberg errichtet. Die romantische Eberhardsburg wurde schon damals als Ruine erbaut. Bäume aus aller Welt gedeihen hier, in den Wildgehegen tummeln sich Wild und urtümliche Wisente. Bei einem gemütlichen Spaziergang Hand in Hand um einen der drei Teiche lässt es sich sehr schön über die Zukunft nachdenken.

Das Deutsche Drachenmuseum in Lindenfels

Sagen berichten uns von bitterbösen, furchteinflößenden, aber auch entzückenden Drachen, die einst im Odenwald hausten. Im Deutschen Drachenmuseum (geöffnet Sa., So., Feiert. 14 – 17 Uhr, in den Ferien auch Di. und Do. 15 – 17 Uhr) sind sie alle zu bestaunen. Ein Kunst-

Dieser Drache steht vor dem Museum

pfad mit Drachenskulpturen befindet sich zwischen dem Bürgerturm aus dem 14. Jahrhundert und dem Drachenmuseum.

DEUTSCHES DRACHENMUSEUM · In der Stadt 2 · 64678 Lindenfels
Tel. 0 62 55/40 71 · info@deutsches-drachenmuseum.de
www.deutsches-drachenmuseum.de

Wellness zu zweit ist doppelt schön

Die Odenwald-Therme in Bad König

Die mediterrane Architektur der Odenwaldtherme (geöffnet So.–Do., Feiert. 9–22 Uhr, Fr., Sa. 9–23 Uhr) entführt die Besucher in eine lichtdurchflutete Welt voller Wärme und wohltuender Wasser. Die mineralische Zusammensetzung des Thermalwassers, seine angenehme und anregende Temperatur in einem an die Toskana erinnernden Ambiente sorgen für ein herrliches Wohlgefühl. Zur Therme gehören Innen- und Außenbecken, Wildwasserkanal, eine Meersalzgrotte und ein Restaurant mit feiner leichter Küche. Außerdem eine großartige Sauna-Landschaft mit einem Sauna-Restaurant mit Kamin. Zu den Veranstaltungen gehören beispielsweise eine spanische Saunanacht mit Musik und landestypischen Spezialitäten.

Bei einem kleinen Entspannungsurlaub zu zweit können Sie im Landhotel Büchner (Frankfurter Straße 6, Tel. 0 60 63-5 00 50, info@hotel-buechner.de, www.hotel-buechner.de) ein Wochenende verbringen mit Candle-Light-Dinner, Wellness im Hotel und einer Tageskarte für die Odenwald-Therme. Golfplätze liegen fünf bis 15 Kilometer vom Hotel entfernt.

ODENWALD-THERME · Elisabethenstraße 13
64732 Bad König · Tel. 0 60 63/5 78 50
kurgesellschaft@badkoenig.de · www.odenwald-therme.de

Die Burg Rodenstein in Fränkisch-Crumbach

Die Herren von Crumbach und Rodenstein erbauten auf einem bewaldeten Hügel um 1240 eine Burg. Im 17. Jahrhundert starb die Familie der Rodensteiner an der Pest. Die mächtige Festung wurde ruiniert; die Bewohner der umliegenden Dörfer benutzten die Burg als Steinbruch und verwendeten die Steine zum Bau ihrer Häuser. Seit dem 19. Jahrhundert ist die

Wo einst der wilde Rodensteiner hauste, steht eine mächtige Ruine

große Ruine ein beliebtes Ausflugsziel und ein romantisches Fleckchen, um hier innerhalb des alten Gemäuers ein lustvolles Picknick zu veranstalten. Und wenn Sie keinen Picknickkorb mit dabeihaben, kehren Sie ein ins idyllisch gelegene Landgasthaus „Hofgut Rodenstein" (geöffnet Fr. – So. ab 11 Uhr) unterhalb der Burgruine. Hier lässt es sich übrigens auch sehr romantisch Hochzeit feiern.

Angeregt von den mächtigen Mauern und Sagen um den wilden Rodensteiner schrieb der Dichter Viktor Scheffel (1826 bis 1886) seine Rodensteiner Lieder. Werner Bergengruen (1892 bis 1964) verfasste „Das Buch Rodenstein". An beide Dichter erinnert eine Gedenktafel, und um die Burgruine herum führt ein etwa ein Kilometer langer literarischer Rundweg, der Rodensteiner Dichterweg mit acht Stationen.

BURGRUINE RODENSTEIN · 64407 Fränkisch-Crumbach
www.fraenkisch-crumbach.de · www.hofgut-rodenstein.de

Der Marbach-Stausee bietet vielfachen Spaß

Acht Kilometer südlich von Erbach auf der B45, von Westen auf der B460 oder drei Wanderkilometer vom Bahnhof Beerfelden-Hetzbach entfernt, liegt der 220 Hektar große See, der ob seiner ausge-

Der Marbachsee, Blick nach Westen

zeichneten Wasserqualität gelobt wird.

Ursprünglich zum Hochwasserschutz gebaut, erstreckt sich der See von der Staumauer etwa 1,5 Kilometer nach Westen. Der westliche Teil des Sees ist ein Vogelschutzgebiet, in dem Sing- und Wasservögel beobachtet werden können. Der Angelbereich schließt sich an. Der östliche Bereich dient dem großen Wasserspaß mit Surfbrett, Segelboot und Paddelboot. Der mittlere Teil des Sees ist den Badefreuden vorbehalten. Am flachen Ufer können Kinder und Nichtschwimmer vergnügt plantschen. Die weitläufige Liegeweise am Südufer bietet viel Platz zum Sonnenbaden, Spielen, Picknicken. An Wochenenden und in den Sommerferien ist die DLRG-Rettungswache am See.

Am nördlichen Teil der Staumauer lädt eine Gaststätte mit Biergarten ein. Rund um den See gibt es Hotels und Ferienwohnungen.

www.tourismus-odenwald.de

HIRSCHHORN UND HEIDELBERG

♡ ·············· ♡ ·············· ♡

Burgen und Schlösser am Neckarfluss

Die Highlights: Schlosshotel Hirschhorn, Schloss Zwingenberg und die malerische Wolfsschlucht, eine schaurig-schöne Liebesgeschichte und Heidelberg mit seinem berühmten Schloss.

Die Landschaft rechts und links des Neckars ist von einer unbeschreiblichen Lieblichkeit und Vielfältigkeit. Übernachten Sie im historischen Schlosshotel Hirschhorn. Von hier radeln oder wandern Sie am Neckar entlang bis Neckargemünd. Zurück geht's wieder mit dem Rad, zu Fuß oder mit der Bahn oder mit einem der schmucken Neckarschiffe. Erkunden Sie Hirschhorns Altstadt doch einmal mit dem Segway, einem außergewöhnlichen Fortbewegungsmittel. Besuchen Sie Heidelberg, das ein bisschen außerhalb Hessens liegt, und flanieren Sie den Philosophenweg entlang.

Das Schlosshotel in Hirschhorn

Auf einem Bergsporn hoch über dem Neckartal thront das Schloss, das im 16./17. Jahrhundert aus einer Burg des 12. Jahrhunderts ent-

Über Stadt und Fluss thront Schloss Hirschhorn

standen ist. Heute finden Besucher hier ein ausgezeichnetes Hotel mit liebevoll eingerichteten Zimmern und ein Restaurant (geöffnet Mi. – So. ab 18 Uhr; Café-Bistro Mi. – So. ab 11.30 Uhr; Nov. – Feb. komplett geschlossen) mit schöner Terrasse vor. Der Blick über das Neckartal ist unbeschreiblich schön.

Vom Schlosshotel lässt sich die herrliche Umgebung mit ihren Burgen und Schlössern mit dem Auto, zu Fuß oder mit dem Fahrrad erkunden. Auch sollten Sie durch die romantische Altstadt von Hirschhorn bummeln oder mit dem Segway rollen.

Das Schloss ist selbstverständlich auch ein ganz besonderer Ort, um hier eine romantische Hochzeit zu feiern. In der Burgkapelle ist sogar die standesamtliche Trauung möglich.

SCHLOSS HIRSCHHORN · Hotel und Restaurant
Schlossstraße 39-45 · 69434 Hirschhorn · Tel. 0 62 72/9 20 90
info@schlosshotel-hirschhorn.de · www.schlosshotel-hirschhorn.de

Eine traurige Liebesgeschichte

Während Sie auf Schloss Hirschhorn romantische Tage und Nächte erleben und Ihr Glück genießen, war hier vor langer Zeit nicht allen Liebenden das Glück hold.

Es ist schon sehr, sehr lange her, da verliebte sich der Sohn des Ritters von Handschuhsheim in die Tochter des Schlossherrn von Hirschhorn. Die Väter hassten einander und verboten ihren Kindern die Liebe. Als den Liebenden eines Tages ein Knabe geboren wurde, verhängten die Herren fürchterliche Strafen. Die junge Mutter wurde lebendig im Schloss Hirschhorn und der junge Vater in der Burg von Handschuhsheim eingemauert. Das Kind legte man armen Leuten vor die Tür; sie zogen den Jungen in Barmherzigkeit groß und nannten ihn Leonhard. Später erfuhr er, wer seine Eltern waren. Er zog sich zurück und lebte fortan in Einsamkeit.

Im Jahr 1770 entdeckte man in den Ruinen der Burg Handschuhsheim das Skelett eines Ritters in goldverzierter Rüstung und später in Schloss Hirschhorn die Gebeine einer Frau.

Schloss Zwingenberg, die Wolfsschlucht und der „Freischütz"

Die beeindruckende Anlage liegt direkt an der B37. Sie wurde im 13. Jahrhundert als Burg errichtet, um von den Händlern auf der Straße und auf dem Fluss Zoll zu erzwingen. 1364 wurde das Raubritternest im Namen von Kaiser und Reich von den vereinigten Pfälzern

Hinter der einstigen Zwingburg verläuft die Wolfsschlucht

und Württembergern erobert und zerstört. Später entstand hier das Schloss. Seit 1808 ist es in Markgräflich-badischem Familienbesitz und wird heute von Prinz Ludwig von Baden und seiner Familie bewohnt. Die Schlosskapelle steht für eine romantische Trauung zur Verfügung. Und jedes Jahr im September findet ein Garten- und Pflanzenmarkt im historisch-romantischen Ambiente statt.

Durch die Anlage werden nach Anmeldung verschiedene Themenführungen durchgeführt. Für Besucher der „Zwingenberger Schlossfestspiele", die von Mitte Juni bis Ende August stattfinden, öffnen sich die Tore zum Burghof. Die Aufführung des „Freischütz" von Carl Maria von Weber darf nicht fehlen. Vielleicht hat sich der Komponist 1810 auf Schloss Zwingenberg aufgehalten und sich von der tiefen Wolfsschlucht hinter dem Schloss, übrigens ein abwechslungsreicher Wanderweg bergauf, zum „Freischütz" inspirieren lassen.

SCHLOSS ZWINGENBERG · Schlossstraße 1 · 69439 Zwingenberg
Tel. 0 62 63/41 10 10 · sekretariat@schloss-zwingenberg.de
www.schloss-zwingenberg.de

Heidelberger Schloss, Altstadt und Philosophenweg
Wer sich aufmacht, Heidelberg am Neckar zu besuchen, muss natürlich auch ins berühmte Schloss (geöffnet tägl. 8 – 18 Uhr, die Innenräume sind nur mit einer Führung zu besichtigen). Tagsüber tummeln sich hier unzählige Menschen. Vielleicht finden Sie aber ein wenig Ruhe im Schlossgarten.

www.schloss-heidelberg.de

Ein romantischer Altstadtbummel durch die geschichtsträchtigen Gassen mit zahlreichen kleinen Geschäften, Cafés und traditionsreichen Weinstuben gehört ebenso zu einem Besuch von Heidelberg wie ein Spaziergang auf dem Philosophenweg.

Die kleine, drei Kilometer lange Wanderung beginnt östlich der Theodor-Heuss-Brücke auf Höhe des Restaurantschiffs. Der Philo-

Schloss Heidelberg ist einen Ausflug vom hessischen Hirschhorn ins Baden-Württembergische wert

sophenweg führt über den Schlangenweg steil bergan. Wegen seiner steilen Lage gilt dieser Ort als der wärmste in Deutschland. Wegen des mediterranen Klimas gedeihen entlang des Wegs exotische Stauden, Sträucher und Bäume. Auch wenn der Aufstieg mühsam erscheint, die vielen grandiosen Ausblicke entschädigen für die Anstrengung. Am Merianausblick laden Bänke zum Verweilen ein – und der Blick schweift hinüber zum Schloss und auf die Stadt. Ebenfalls zum Verweilen lädt das Philosophengärtlein mit seiner vielfältigen Bepflanzung ein.

Das Heidelberger Schloss wird in den Monaten Juni, Juli und September jeweils an einem Tag ab etwa 22 Uhr in wunderbares Licht getaucht. Das Lichtspektakel wird gekrönt durch ein funkelndes Feuerwerk, zu bestaunen am besten vom Neckarufer oder vom Philosophenweg aus.

www.heidelberg-event.com

Bildnachweis

Die Autoren

Kristiane Müller-Urban hat viele Jahre in Nürnberg gelebt, war Redakteurin einer wissenschaftlichen Zeitschrift, Lektorin für Sachbücher und arbeitete an der HfG Hochschule für Gestaltung in Offenbach am Main, bevor sie sich als freie Autorin selbstständig machte.

Eberhard Urban war Buchhändler und in vielen Funktionen in verschiedenen Verlagen tätig. Seit vielen Jahren arbeitet er als Autor und hat – zum Teil zusammen mit Kristiane Müller-Urban – eine Fülle von Publikationen veröffentlicht. Seine Spezialität: Bücher zu Themen der Eisenbahn und Schifffahrt.

Kristiane Müller-Urban, Eberhard Urban
Frankfurt zu Fuß

Ob romantische Parks, geschäftige Einkaufsstraßen oder faszinierende Architektur, ob Sex and Crime oder Kultur für alle – Frankfurt hat viele Seiten, und alle lassen sich hervorragend auf Stadtwanderungen und Stadtspaziergängen erlaufen. Die kleinste Metropole der Welt bietet wie keine andere Großstadt die Möglichkeit, zu Fuß alle wichtigen und schönen Orte zu erkunden. Alles ist rasch zu erreichen, und die zahlreichen Karten, Fahr- und Liniennetzpläne im Buch machen die Orientierung leicht.

168 Seiten · Broschur
ISBN 978-3-95542-093-2
12,80 Euro

Kristiane Müller-Urban, Eberhard Urban
Nürnberg zu Fuß

Entdecken Sie Nürnberg mit diesem praktischen Stadtführer! Zunächst
geht es rund um die Altstadt. Bei einem Spaziergang ins Mittelalter steht
die Kaiserburg im Zentrum. Und auf den Spuren von Albrecht Dürer finden Begegnungen auch mit anderen Künstlern statt. Nicht nur für Eisenbahnfreunde interessant ist der Weg vom Hauptbahnhof zum Bahn-
Museum und weiter längs der Strecke Nürnberg - Fürth. Weitere Wege
führen ins Grüne. Ein idealer Begleiter für Ihren nächsten Ausflug in die
fränkische Metropole.

200 Seiten · Broschur
ISBN 978-3-95542-104-5
12,80 Euro

Kristiane Müller-Urban, Eberhard Urban
Regionalpark RheinMain.
Der Rad- und Wanderführer

Wer genießt es nicht, nach einem anstrengenden Arbeitstag, an einem freien Tag oder am Wochenende in der Natur zu entspannen? Zum Glück muss nicht lange nach den begehrten Ruheinseln gesucht werden, denn einige der grünen Oasen finden sich direkt vor der Haustür: Die Region Frankfurt/Rhein-Main zeichnet sich, trotz ihrer hohen Besiedlungsdichte, auch durch zahlreiche Grünflächen aus. Um diesen Facettenreichtum zu entdecken, laden die Autoren ihre Leser dazu ein, auf insgesamt 27 Touren die Vielfalt des Regionalparks RheinMain zu erkunden.

290 Seiten · SmartCover
ISBN 978-3-95542-091-8
14,80 Euro

Susanne Fiek
Heidelberg zu Fuß

Dass ein Besuch in Heidelberg bleibenden Eindruck hinterlassen kann, zeigt Susanne Fiek in ihrem Ausflugsführer „Heidelberg zu Fuß". Als eine der wenigen Großstädte, die nicht im Zweiten Weltkrieg zerstört worden ist, bietet die Stadt am Neckar neben der bekannten Alten Brücke und dem Schloss auch die mit 1,6 Kilometern längste Einkaufsstraße Deutschlands. Auf neun Touren führt die Autorin ihre Leser zu Fuß unter anderem durch die Altstadt, auf dem Philosophenweg bis zum Stift Neuburg und mit der Bergbahn zum Königstuhl.

176 Seiten · Broschur
ISBN 978-3-95542-092-5
12,80 Euro

UF WWW.SOCIETAETS-VERLAG.DE

Susanne Dereser, Christine Göttert
Zeit zu zweit in Rheinland-Pfalz

Rhein und Romantik – diese beiden Begriffe gehören untrennbar zueinander, so eng, dass eigentlich kein „und" dazwischen passt. Ob Heldensage, Ballade oder Volkslied: Schauplätze romantischer Geschichten säumen die Ufer des Mittelrheins wie andernorts Kieselsteine. Doch nicht nur an Deutschlands berühmtestem Strom, auch entlang der Mosel, der Nahe und der Ahr, auf verwunschenen Tälerwanderungen im Hunsrück, Streifzügen entlang der geheimnisvollen Eifelmaare oder bei einem köstlichen Schoppen an der südlichen Weinstraße lässt sich Zweisamkeit wundervoll gestalten.

160 Seiten · Broschur
ISBN 978-3-95542-223-3
12,80 Euro

Stefan Jung
Wandern im Naturpark Taunus

Raus aus der Stadt – ab in die Natur! Eines der beliebtesten Ausflugsziele in der Rhein-Main-Region ist und bleibt der Taunus. Saftige Wälder und weite Ausblicke, beeindruckende Felsformationen und Naturdenkmäler prägen das Landschaftsbild hier ebenso wie kulturelle Sehenswürdigkeiten: Von Burgen gekrönte Gemeinden und Überreste der Kelten und Römer erlauben nicht selten eine Reise in vergangene Jahrhunderte. Diese Vielfalt ist es, die den Taunus als Naherholungsziel so reizvoll macht!

160 Seiten · SmartCover
ISBN 978-3-942921-74-9
12,80 Euro

Frank Berger, Christian Setzepfandt
Unorte in Frankfurt

„Ungewöhnlich, unterschätzt, unbekannt. Entdecken Sie verborgene Seiten von Frankfurt am Main mit unseren Stadtführern der etwas anderen Art! Ob geheime Plätze oder unkonventionelle Sehenswürdigkeiten – die Reihe begleitet Sie charmant zu 101 und mehr Frankfurter Unorten."

101 Unorte in Frankfurt, 216 Seiten, Broschur,
ISBN 978-3-7973-1248-8, 12,80 Euro
102 neue Unorte in Frankfurt, 216 Seiten, Broschur,
ISBN 978-3-942921-41-1, 12,80 Euro
103 Unorte in Frankfurt, 224 Seiten, Broschur,
ISBN 978-3-95542-007-9, 12,80 Euro

Frank Berger
101 Geldorte in Frankfurt

Von Karl dem Großen bis Mario Draghi wurde in Frankfurt am Main über Geldpolitik entschieden. Frankfurt war aufgrund der Reichsmessen ein wirtschaftliches Zentrum des Römischen Reiches deutscher Nation. 1585 entstand hier eine erste Wechselbörse. Traditionelle Geldorte wie die Börse, die Münzhäuser, Schatzfunde oder die Geschäftshäuser der großen Bankiers finden sich ebenso wie die glänzenden Türme und versteckten Nischen der gegenwärtigen Finanzeliten. Auch Falschgeld, Geldraub und allerlei weitere Skurrilitäten dürfen nicht fehlen.

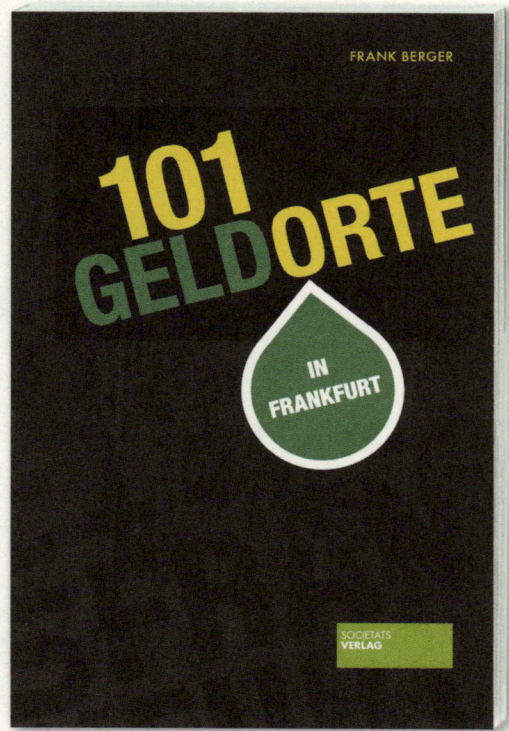

220 Seiten · Broschur
ISBN 978-3-95542-186-1
12,80 Euro